Im Namen der Religion

....friedlich nebeneinander ?....
Judentum-Christentum-Islam

von Jochen Rabast

Fotos auf dem Einband:
Kreuzritter in einem Gefecht vor den Mauern Antiochias im
Zuge der Belagerung der Stadt in den Jahren 1097 und 1098 -
eine Miniatur aus dem 14. Jahrhundert.
- lizenzfrei im Wiki_public domain -

Der Autor ist approbierter Psychotherapeut
und Theologe. Ihn interessiert die Kultur des
alten Mesopotamien.
Sein früheres Buch zur Abrahamitischen
Religion heißt 'Umbruch der Religion'.

Weiteres Buch 'Wie Engel in die Bibel kamen'

Jüngstes Buch 'Gefährlicher Islam', 2017

Impressum
Copyright: © 2017 Jochen Rabast
2.Auflage 2017
Herstellung und Verlag : BoD-Books on Demand
D-22848 Norderstedt
ISBN 9783734764011

9 783734 764011

Inhaltsverzeichnis

Meldungen zum Thema 'Islamischer Staat' (IS) sind fast täglich in den Massenmedien zu finden. Wer sich dabei die Augen reibt und verwundert fragt 'Was ist denn da los?' der hat den Faktor 'Religion' aus dem Auge verloren. Religionen prägen stärker die Geschichte der Völker als mancher glaubt. Dieses Buch beschäftigt sich mit der abrahamitischen Religion und den sich daran anschließenden Religionen Christentum, Judentum und Islam.

Religion ist nicht eine stille Meinung im Herzen eines Gläubigen. Das hatte sich der Pietismus im 19. Jahrhundert so vorgestellt. Der Gottesglaube prägt das gesellschaftliche Leben zu allen Zeiten durch Dominanz und Bekämpfung anderer Glaubens-Vorstellungen. Religiöse Kämpfe sind Teil der Geschichte.

Leider ist zu befürchten, dass Religionskonflikte auch in der kommenden Zeit von Bedeutung sein werden. Die Hintergründe wird man nur verstehen können, wenn man die geschichtliche Entwicklung kennt. Dazu will dieses Buch einen Beitrag leisten.

Seit wann gibt es Religionen?

Der Glaube an überirdische Mächte ist so alt wie die Menschheit selbst. Naturreligionen, Götterglaube im Allgemeinen, individualistische, multireligiöse Frömmigkeit, sowie Religionen aus dem afrikanischen und dem asiatischen Raum sind nicht Gegenstand dieses Buches.

In der vorliegenden Darstellung geht es um die monotheistischen Religionen, die sich als Nachfolger der Abrahamitischen Religion entwickelt haben: Christentum, Judentum, Islam. Das Buch beschreibt die Geschichte des Monotheismus. Diese beginnt im fünften vorchristlichen Jahrhundert.

Die Abrahamitische Religion

Seit wann gibt es den Glauben an einen einzigen Gott?
Er beginnt mit Abraham, einem Nomaden aus dem babylonischen Ur (im heutigen Irak). Abraham ist eine Symbolfigur.
Die Tora (fünf Bücher Mose) berichtet, dass diesem Abraham in Harran (im Norden von Mesopotamien) Gott erschienen ist, der ihn auffordert, seine Heimat zu verlassen und in das Land Kanaan zu ziehen. Ihm wird versprochen, dass seine Nachkommen ein großes und mächtiges Volk bilden werden.
Im Gegenzug darf Abraham nur diesen einen Gott anbeten und keine anderen Götter anerkennen. Der Pakt (die Bibel nennt es 'Bund') gilt.

Abraham

Abraham handelt nach Gottes Anweisung und reist vom Zweistromland nach Palästina. Unglücklicher Weise herrscht dort gerade Hungersnot. So muss die Nomadenfamilie bis Ägypten weiterziehen.
Die fruchtbare Nilebene war von Alters her das Land der Hoffnung für die Kanaaniter in den Jahren der Dürre. Wandernde Aramäer, die mit ihrer Familie und ihrer Herde auf der Suche nach Weideplätzen unterwegs waren, gab es unzählige. Doch der biblische Abraham gilt als von Gott auserwählt. Ihm ist das Land für das spätere Volk Gottes versprochen.
Es fällt in diesem Bericht auf, dass das Alte Testament keine Angaben macht, welcher Zeit dieser Abraham zuzuordnen ist. Es fehlt die übliche Zeitangabe für Lebensdaten, wie etwa 'es geschah im Jahr x unter der Regierung des Königs y im Land z'.
Allein das Fehlen zeitlicher Zuordnung charakterisiert Abraham als

eine Symbolfigur und nicht als eine historische Person. Abraham fügt sich in das Unvermeidliche und zieht weiter in der Fremde umher. Wegen einer Hungersnot nach Ägypten.

Saras erfolgreicher Seitensprung mit dem Pharao

Abrahams Frau hieß Sara. Sie machte sich keine Sorgen, in eine unbekannte Fremde zu ziehen. Sie vertraute ihrer weiblichen Ausstrahlung. Bisher hatte noch kein Mann ihrer Anziehungskraft widerstehen können, wenn sie es nur wollte. Das wusste sie nun einzusetzen. Kontakte zum Königshof wurden geknüpft. Alles ging ganz schnell. Aus Angst um sein Leben hatte Abraham seine Ehefrau Sara als seine Schwester ausgegeben. Sara wusste den Schleier zu handhaben wie keine Andere, so dass er mehr zeigte als verhüllte. In den Grundregeln der Kosmetik kannte sie sich aus. Der Tanz war ihre Leidenschaft. Sie hatte auf Anhieb Erfolg beim Pharao, dem mächtigen Herrscher Ägyptens.

Hinter ihr schlossen sich die Türen der Verschwiegenheit. Sexuelle Details wurden damals noch nicht in Worten oder Bildern ausgebreitet. 'You tube' und Co. waren noch nicht erfunden. Die Effektivität des Geschehens konnte man am materiellen Lohn ablesen. Und Sara war sehr erfolgreich! Als königliche Gegenleistung verließ Sara die pharaonische Residenz mit ganzen Herden von Schafen, Ziegen, Rindern und Kamelen samt zugehörigen Hirten. Und für den Ehemann Abraham kam noch eine ägyptische Sklavin hinzu. Er konnte damals noch nicht ahnen, wozu die eines Tages noch gut sein

wird. Das ägyptische Abenteuer war ein wirtschaftlicher Erfolg.
Mit Prostitution in ein neues Leben!

Gesättigt und zufrieden konnten Abraham und Sara aus Ägypten
fortziehen. Abraham kehrte in das ihm als heilig versprochene Land
zurück. Über Nacht war er ein reicher Mann geworden – dank Sara.
Das Geld reichte sogar, in Kanaan etwas Grundbesitz zu erwerben.

Das war knapp

Das Leben ging dahin. Abraham ist alt geworden, und mit Nachkommen hat es nicht geklappt. Wo sollen die zahlreichen Nachfahren herkommen, die Gott versprochen hat? Sara weiß Rat. Sie stimmt
zu, dass ihr Mann mit seiner ägyptischen Magd Hagar schläft; und
das war erfolgreich. Hagar bringt einen Sohn zur Welt.
Sie nennen ihn Ismael. Im Islam gilt dieser Sohn Ihrahims/Abrahams
als Urahn aller Moslems.
Doch auch für Abrahams Frau Sara sollte sich das Blatt noch wen-
den. Eines Tages sind Fremde im Haus zu Besuch. Abraham erkennt,
dass es Gott selbst ist. Die Bibel gebraucht dafür das Wort 'Engel'.
Obwohl Sara zu diesem Zeitpunkt schon 90 Jahre alt ist, wird sie
schwanger. Nun bringt auch sie einen Sohn zur Welt und nennt ihn
Isaak. Ohne diese Wendung wäre es wohl mit der angekündigten
großen Nachkommenschaft nichts geworden.

Die Bibel erzählt im Folgenden das Werden des abrahamitischen
Gottesvolkes als eine genealogische Abfolge, eine literarische
Familiengeschichte.
Isaak bekommt einen Sohn, Jakob. Dieser Enkel Abrahams ringt
eines Nachts mit Gott/Engel. Jakob kämpft mit aller Kraft und gibt
nicht auf. Dafür bekommt er einen neuen Namen: Israel.
Dieser schafft es dann in der vierten Generation zu zwölf Söhnen.

Aus diesen entwickeln sich die zwölf 'Stämme des Volkes Israel'.

Die Heiratspolitik

Der Urahn des Gottesvolkes, Abraham, sucht für seinen Sohn Isaak eine Frau. Er beauftragt mit der Brautschau seinen Verwalter, und nimmt ihm den heiligen Schwur ab: Versprich mir beim Herrn, dem Gott des Himmels und der Erde, dass du für meinen Sohn Isaak keine Frau auswählst, die hier aus dem Land Kanaan stammt. Gib mir dein Wort, dass du in meine Heimat gehst und ihm eine Frau aus meiner Verwandtschaft suchst.

Der Brautwerber zieht nach Mesopotamien. Dort findet er Rebecca. Sie ist bereit, mit ihm nach Juda zu ziehen.

In der nächsten Generation wiederholt sich die Brautschau in Mesopotamien. Isaaks Sohn Jakob holt sich seine Frau auch wieder von dort, genauer gesagt deren zwei.

Durch einen Trick in der Hochzeitsnacht werden ihm zwei Ehefrauen angedreht. Die Bibel berichtet:

Laban hat zwei Töchter, die ältere heißt Lea, die jüngere Rahel. Lea hat glanzlose Augen, Rahel aber ist ausnehmend schön. Jakob liebt Rahel und so sagt er zu Laban: 'gib mir Rahel, deine jüngere Tochter, zur Frau. Ich will dafür sieben Jahre bei dir arbeiten'. Nach Ablauf der sieben Arbeitsjahre wendet der Schwiegervater einen Trick an. In der Hochzeitsnacht legt er die ältere Tochter Lea ins Ehebett, und Jakob vollzieht mit ihr die Ehe.

Der Schwindel fliegt auf und hat zur Folge, das der willige Jakob noch einmal sieben Jahre für die andere Tochter bei seinem Schwiegervater arbeitet. Schlafen darf Jakob nun mit beiden Frauen und auch deren Mägden. Offenbar Zufriedenheit überall.

Der Vater hat beide Töchter verheiratet, und die Jugend ist auf ihre Weise glücklich. In den folgenden Jahren erblicken insgesamt zwölf Söhne von den vier Frauen das Licht der Welt. Das geschah in

Mesopotamien, nicht etwa in Kanaan.
Die Urväter der sogenannten zwölf Stämme Israels sind von Geburt Babylonier.
Die Reise von Palästina nach dem Zweistromland und wieder zurück, ist ein auffälliges und erklärungsbedürftiges Merkmal in der biblischen Erzählung.
Die geografische Abhängigkeit der Familie Abrahams von Mesopotamien fällt auf. Was drückt sich in der erzählten Heiratspolitik aus? Hier schimmert der historische Kern für die Erzählungen durch. Die Menschen, die das Land Palästina nach und nach besetzen, kommen aus Mesopotamien. Doch es sind nicht irgendwelche Fremden, sondern die Nachfahren der einst im Jahre 587 v.Chr. aus Jerusalem Deportierten.

Die Josephsgeschichten

Im Rahmen der abrahamitischen Familiengeschichte bekommt auch Ägypten seinen Platz als Nahrungsreservoir eingeräumt.die Überschwemmungen des Nil sorgten regelmäßig für gute Erträge beim Getreideanbau. So zogen die Bewohner Palästinas in Zeiten knapper Nahrung in die fruchtbare Nilebene, um dort Getreide einzukaufen oder auch längerfristig zu arbeiten. Palästina gehörte machtpolitisch zum Einflussbereich Ägyptens bevor die Großmächte Assyrien und Babylon es militärisch in ihre Gewalt brachten. Die biblische Erzählung gibt die Erinnerung an den Einkaufstrip nach Ägypten wider. Es sind die Geschichten um Abrahams Enkel Joseph. Thomas Mann hat daraus einen Roman in drei dicken Bänden gestaltet und unterstreicht damit, dass der Komplex der Josephsgeschichten im ersten Mosebuch ein Stück Weltliteratur ist.
Joseph war das Lieblingskind des Abraham-Enkels Jakob. Die Bevorzugung gegenüber den elf Brüdern erregte deren Neid und Wut. Als eines Tages die Karawane eines Sklavenhändlers des

Weges daher kam, verschacherten sie kurzerhand ihren Bruder. Dem Vater wurde ein Unfall mit einem wilden Tier aufgetischt. Joseph indes verschwand nicht in der Anonymität eines Sklaven. Er beherrschte die damals angesehene Kunst der Traumdeutung. In dieser Eigenschaft wurde er vor den Pharao geführt, dessen Traum er als Vorhersage einer katastrophalen Hungersnot deutete. Daraufhin wurde Joseph zu einem königlichen Minister der Getreidebevorratung ernannt. Das Happyend liegt in der Luft der Erzählung. Vater Abraham und die elf Brüder feiern Wiedersehen in Ägypten, wohin sie eine Hungersnot in Palästina geführt hat.

Der Nahrungswohlstand der Ägypter hilft der Nachkommenschaft Abrahams zu einem großen Volk der 12 Stämme zu werden, zugleich ein Stück Erinnerung an die Urgroßmutter Sara.

Aus Palästina nach Babylon

Das Volk Gottes, von dem die Bibel erzählt, hat im Land Kanaan in zwei Staaten gelebt.

Israel hieß der Nordstaat, Juda der Südstaat. Beide Reiche fanden ein kriegerisches Ende.

Israel mit seiner Hauptstadt Samaria wurde im Jahr 721 v.Chr. durch die Assyrer vernichtet. Einem Teil der Bevölkerung gelang es, nach dem Süden in den Staat Juda zu fliehen. Eine erhebliche Anzahl der Einwohner Israels wurde von den Siegern verschleppt und im assyrischen Staatsgebiet angesiedelt. Die Deportierten gingen im Völkergemisch Assyriens auf.

Der babylonische König Nebukadnezar hat den Staat **Juda** mit seiner Hauptstadt Jerusalem im Jahr 597 v.Chr. erobert, weil dieser mit der feindlichen Großmacht Ägypten paktierte. In einer ersten Strafaktion wurde ein Teil der Bevölkerung nach Mesopotamien deportiert.

Diese Maßnahme erwies sich als nicht ausreichend. Die Armee der

Babylonier zog **587 v.Chr.** ein zweites Mal gegen Jerusalem. Die Stadt wurde nun verwüstet und der Staat Juda vernichtet. Die herrschende Oberschicht und ein Großteil der Bevölkerung wurden in die Gefangenschaft nach Babylon abtransportiert. Die Bibel macht unterschiedliche Angaben über die Zahl der Deportierten. Nach Jeremia 52,28 sind es 4.600 Judäer. Laut 2.Könige 24,12 sind es 10.000 Deportierte. Zu den genannten Zahlen kommen jeweils die Familienangehörigen hinzu; denn gezählt wurden nur die 'Familienoberhäupter'.

Das Produkt des Exils: Eine neue Religion

Die Deportierten müssen sich in die Gegebenheiten eines Lebens im fremden Land fügen. Mehr noch: Die Judäer übernehmen den hohen Kulturstand Babyloniens. Im Laufe der Zeit entsteht eine eigene Bildungselite. Aus den Nachfahren von einst verschleppten judäischen Kriegsgefangenen ist in Mesopotamien eine neue Generation hervorgegangen. Diese entwickelt im babylonischen Völkergemisch eine neue Religion. Für sie soll es künftig nur noch strengen Monotheismus geben.
Der wird gepaart mit dem 'Seherischen' (ein Kriterium von Religion). Es ist die Vision, einen Gottesstaat zu gründen. Der Ort soll Jerusalem sein, das Land aus dem die Vorfahren verschleppt worden sind. Dort will man ausschließlich nach dem Willen Gottes leben, das Wort Gottes befolgen. Zukunftsvorstellungen sind immer dynamisch. Doch zunächst leben die Judäer als Unfreie im Exil. Werden sich ihre Zukunftswünsche erfüllen?

Wie ist die neue Religion zu bezeichnen?

Es ist ein seltsames religionsgeschichtliches Phänomen, dass dieser in Babylon entstandene Monotheismus keinen terminus technicus, keinen historischen Fachausdruck hat. Wie erklärt sich das? Und welcher Ausdruck bietet sich als treffend an?

- **Frühes Judentum.** Das würde verkennen, dass das Christentum diese Zeit ebenfalls als seine frühe Geschichte beansprucht. Zudem kann man erst seit der Synagoge und dem rabbinischen Judentum nach dem Jahr 70 von der jüdischen Religion sprechen.

- **Religion Jehudas.** Im persischen Großreich und der Zeit danach danach war 'Jehuda' die Bezeichnung für die Provinz um Jerusalem.

- **Religion Abrahams** geht zum einen nicht, weil sich der Islam als die 'Religion Abrahams' bezeichnet. Zudem ist Abraham nicht der Stifter einer Religion gewesen. Die Abrahamitische Religion ist von Menschen begründet worden, die weitgehend anonym geblieben sind. Es erscheint am sinnvollsten, den Namen Abrahams in der Charakterisierung dieser Religion terminologisch beizubehalten.von den biblischen Persönlichkeiten wie Ezechiel, Esra, Nehemia wissen wir, dass sie maßgeblich beteiligt waren. Außer ihnen hat es sich um führende Männer des Priesterstandes gehandelt.

- **Religion Judas** differenziert nicht zwischen der Zeit der Vielgötterei bis 597 v.Chr. und dem strengen Monotheismus erst nach 525 v.Chr.

- **Religion Israels** ist mehrdeutig. Zum einen ist das eine Bezeichnung für den mythischen Verbund von zwölf Stämmen, den die Bibel als das 'Volk Israel' bezeichnet. Doch auch der Nordstaat (neben dem Staat Juda im Süden) trägt in der Bibel den Namen Israel.

Seit es ab 1948 wieder einen Staat Israel gibt, wäre eine

Bezeichnung 'Religion Israels' sehr unpräzise.

- Das spätere Judentum wie auch das Christentum betrachten die Zeit des Monotheismus als ihre Frühgeschichte. So erklärt es sich, dass für diese Zeit kein eigenständiger Begriff für den Ein-Gott-Glauben entstanden ist.

Das Schriftgut

Die Abrahamitische Religion fängt in Babylon an, ihre Religion in Geschichtsform aufzuschreiben.

Die 'Erzählungen der Großmutter' werden in die neue Religion eingebracht. Mündlich Überliefertes wird zu diesem Zeitpunkt aufgeschrieben und dabei in ein theologisches Konzept eingepasst. So verwundert es nicht, dass die späteren biblischen Schriften eine Synthese von den Traditionen in Babylon und dem Gottesbild der Judäer darstellen. Es wird eine Literatur hervorgebracht, die eine Mischung aus Althergebrachtem und der babylonischen Weltanschauung, vorwiegend der Religion des Zarathustra, darstellt. Das Geschriebene wird später zu den Schriften Tanach/=Altes Testament zusammengefasst.

Das babylonische Exil ist in literarischer Hinsicht eine sehr produktive Zeit. Hier wird von den gebildeten Judäern die hebräische Quadratschrift entwickelt. Sie entstammt der Zeit des Exils und wird zur Schriftsprache für die späteren gottesdienstlichen Lesungen im Tempel in Jerusalem.

Im Unterschied zu dieser kultischen Schriftsprache bleibt das Aramäisch die Umgangssprache der Judäer.

Ein Beispiel der literarischen Leistung: Neuinterpretation

Babylon ist nicht nur ein Vielvölkerstaat, sondern es gibt ebenso viele Religionen. Eine davon hat es den verschleppten Judäern besonders angetan. Es ist der Monotheismus des Zarathustra. Ahura Mazda ragt unter den Göttern Babylons neben dem Stadtgott Marduk heraus. Die Religion des Zarathustra wird später zur Staatsreligion des ganzen Persischen Reiches.

Der persische Großkönig Darius I. (522 – 486 v.Chr.) ist ein Anhänger und Förderer der Zarathustra-Religion. Darius sieht sich selbst als König von Ahura Mazdas Gnaden an. Der einzige Gott, Ahura Mazda, hat die Welt erschaffen Der zoroastrische Schöpfungsmythos lautet:[1]

Ich frage dich, Ahura Mazda, gib mir die wahre Antwort!
Wer bestimmt den Weg von Sonne und Sternen,
durch wen nimmt der Mond zu und ab?
Wer hält die Erde unten, das Himmelsgewölbe oben?
Wer erschuf die Gewässer, wer erschuf die Pflanzen?
Wer erschuf das Licht und das Dunkel,Morgen,Mittag,Nacht?
Warst du es, Ahura Mazda?
Du kennst alles, du Schöpfer der Dinge.
Dein heiliger Geist hat alles erschaffen. Und so ist es geworden.
Du gabst der Seele den Körper des Menschen.
Du bist der wirkliche Schöpfer.

Die zoroastrische Frageform, die einräumt, es hätte auch anders gewesen sein können, ist in der späteren alttestamentlichen Form nicht mehr zu finden. Die vorgefundene Form lädt ein, die gestellten Fragen zu beantworten und den Namen des eigenen Gottes 'Jahwe' einzusetzen. Das Ergebnis liest man auf der ersten Seite der Bibel (die Erschaffung der Welt).

---

1 Yasna 44

Literarische Blütezeit

Man darf sich das babylonische Exil nicht als straff organisiertes Gefangenenlager vorstellen. Die Judäer haben Zugang zu öffentlichem Leben und Bildung. Aus einst verschleppten Kriegsgefangenen ist in Mesopotamien aus deren Nachkommen eine Bildungselite hervorgegangen.
Diese Elite der Judäer ist in der Lage, die Erzählungen ihrer Vorfahren aufzuschreiben. In Babylon selbst und in der Zeit nach der Rückkehr wird eine literarische Geschichte komponiert, die so nicht stattgefunden hat. Sie erweckt den Anschein, dieser Glaube an den einzigen Gott, bestehe seit dem Beginn der Welt.

In diese Geschichte fließen Anteile aus dem kulturellen Schmelztiegel Babylonien ein. Der Turmbau in Babylon, die zoroastrische Vorstellung von Teufel und Engeln, die große Flutkatastrophe ('Sintflut'), eine Geschichte über die Entstehung der Welt sind die bekanntesten Geschichten.
Bücher werden geschrieben, die später als die Büchersammlung Tanach/Altes Testament zum heiligen Buch werden. Es handelt sich um eine Zeit gewaltigen literarischen Schaffens.
Dazu zwei Beispiele.
Ein Beispiel zeigt eine Interpretation einer alten babylonischen Erzählung. In einem weiteren Beispiel wird eine Überlieferung aus Jerusalem aufgegriffen und literarisch bearbeitet.

Der Mythos von der Sündenflut

In der Bibel findet sich eine Erzählung einer großen Flutkatastrophe. Die Vorlage stammt aus dem babylonischen Kulturkreis. Es ist die Gilgamesch-Überlieferung. Man benennt sie nach dem Protagonisten des Epos, nach **Gilgamesch**. Eine noch ältere Erzählung wurde etwa um das Jahr 1200 v.Chr. auf Steintafeln aufgezeichnet. Der Gott Ea hat den Plan des Götterrates an seinen Schützling Gilgamesch verraten.

Er warnt ihn vor der bevorstehenden großen Flut zur Vernichtung der Menschen. Er befiehlt ihm, ein Boot zu bauen, so groß dass Platz für Menschen und Tiere darin ist. Auch Saatgut der Pflanzen soll Gilgamesch mit in das Schiff nehmen. Nach sieben Tagen war Gilgamesch mit dem Bau eines schwimmenden Hauses fertig.

Dann setzt der große Regen ein, der selbst die Berge überflutet. Als Grund für die starken Regenfälle wird die Laune der Götter genannt, die Menschen zu vernichten.

Der Schützling Gilgamesch kann mit den Seinen überleben. Als schließlich die Sonne wieder in die Dachluke scheint, lässt Gilgamesch eine Taube heraus. Sie kommt zurück, weil sie nirgends einen Platz zum Landen findet. Einer später gestarteten Schwalbe ergeht es ebenso. Erst ein Rabe, am siebenten Tag hinausgelassen, kehrt nicht mehr zurück.

Da erkennt Gilgamesch, dass das Hochwasser abgeflossen war. Durch den schützenden Rat des Gottes Ea hat Gilgamesch mit den Seinen überlebt. Grund genug, danach ein Dankesopfer abzuhalten.

In der **Bibel** steht der Bericht über die große Flut im 1.Buch Mose Kapitel 6,5 – 9,17. Der biblische Erzähler hat die Geschichte von der großen Flut in der Schule in Babylon gelernt.

Viele Einzelheiten tauchen in der Bibel wieder auf. Zum Beispiel testen Gilgamesch und Noah gleichermaßen mit einem Raben und einer Taube, ob das Hochwasser abgeflossen ist. Der Protagonist der Bibel heißt Noah, er wurde von Gott als untadelig befunden.

Nur Noah darf mit seiner Familie die Flutkatastrophe überleben, und mit ihm jeweils ein Paar von jeder Tierart. Noah feiert ebenso wie Gilgamesch sein Überleben mit einem Brandopfer. Um welche Art einer Flutkatastrophe es sich handelt, ist buchstäblich in den Fluten untergegangen. Handelt es sich um ein Hochwasser nach den sprichwörtlich gewordenen „sintflutartigen" Regenfällen? Oder kam das Wasser „von unten" wie bei einem Tsunami? In der Bibel steht: *Im 600. Lebensjahr Noahs, am 17. Tag des 2. Monats, öffneten sich die Schleusen des Himmels und die Quellen der Tiefe brachen von unten aus der Erde hervor.*

Die besondere Lebenseinstellung des Noah, nämlich 'in enger Verbindung zu Gott zu leben', schließt ihn von der großen Vernichtungsaktion aus. Sinn und Zweck der Flutgeschichte ist: Wer nicht im Sinne Gottes lebt, muss weg! An Mitleid mit den Ertrinkenden denkt der Erzähler nicht. Wer gottlos ist, wird grausam vernichtet.

Vom Standpunkt der babylonischen Entstehungszeit aus blickt man in längst vergangene Zeiten zurück, um alte Erzählungen für die neue Religion niederzuschreiben. Daher sind die vorabrahamitischen Geschichten des Alten Testaments von Legenden umrankt, mythologisch. Mit aller Freiheit wird die Vorlage aus der Götterwelt Mesopotamiens bearbeitet. Der Erzähler radiert den Namen des Gilgamesch aus und setzt den seines Gottesmannes Noah ein.

Warum haben das die alten Judäer gemacht? Sie brauchen eine Story, um ihren Glauben in Worte zu fassen. Er ist verbunden mit dem Appell zum Aufbruch, um ein neues Leben zu beginnen. Von Babylon weg wollen sie zu neuen Ufern, vom Ort der Unfreiheit weg zu einem gemeinsamen Leben in einem neuen Jerusalem. Man will in einem Gottesstaat leben, in dem Gottes Gebot allein gilt und Staatsgesetz ist.

Der legendäre König Salomo

Der historische Hintergrund stammt nicht aus Babylonien,sondern ist Überlieferung der Judäer. König Salomo ist sozusagen Jerusalemer Urgestein. Bisher weniger beachtet wird jetzt sein Leben mit Glanz ausgestattet und mit einem Heiligenschein umgeben.

Es gab einmal einen König Salomo, der lebt in legendärem Glanz und unermesslichem Reichtum. Vergoldete Waffen schmücken die große Halle seines Palastes. Zweihundert mit Gold überzogene Schilde hängen an den Wänden.

Salomos Reichtum und seine prächtige Hofhaltung sind in der Bibel im ersten Königsbuch ab Kapitel 5, sowie in der Chronik im zweiten Buch ab Kapitel 9 beschrieben.

Salomo verdient in einem Jahr 666 Zentner Gold und übertrifft 'alle anderen Könige der Erde an Reichtum und Klugheit'.

Obwohl es während seiner Regierungszeit keinen Krieg gibt, leistet sich Salomo eine große Streitmacht, das Statussymbol aller großen Herrscher der Welt. Genannt werden 1.400 Streitwagen mit 4.000 Pferden und 12.000 Wagenkämpfer.

In der Umgebung von Symbolen der Gewalt darf der Sex nicht fehlen. Was wäre ein König ohne den Reichtum an Frauen? Die überschwängliche Liebe zu den Frauen drückt die Bibel in Zahlen aus: Salomo hat 700 Ehefrauen und 300 Nebenfrauen.

Wie die Bibel weiter erzählt, liebt Salomo besonders die Ausländerfrauen. 'König Salomo hat außer einer ägyptischen Prinzessin noch viele andere ausländische Frauen aus den Völkern

der Moabiter, Ammoniter, Edomiter, Phönizier und Hethiter.'
Und dann gab es noch die Affäre mit der legendären Königin von Saba. Aus welchem Land mag diese Dame stammen, die mit großem Gefolge an den Hof nach Jerusalem gereist kam?
Die Königin von Saba konnte sich überzeugen. Es war nicht übertrieben, was sie im fernen Land über Salomos Luxus gehört hatte.
An Reichtum kann sie mithalten. Sie schenkt ihm 85 Zentner Gold, viele Edelsteine und so kostbares Öl, wie es nie wieder nach Jerusalem gelangt war. Und Salomo seinerseits erfüllt der fremden Königin jeden Wunsch.
Warum dieser Lobpreis auf Salomo?
Salomos größte Tat war der Bau des Tempels.

Die Zahl der Arbeiter versetzt in Staunen: 80.000 Steinbrecher waren in Judas Bergen tätig, sowie 70.000 Lastträger für den Transport. Dafür wurden 3.600 Aufseher gebraucht.
Das Ergebnis konnte sich sehen lassen: Es entstand ein prächtiger Tempel in Jerusalem. Vorher gab es nichts Vergleichbares. Das Wichtigste, was Salomo geschaffen hatte, war dieses Gebäude.
Für den Neubau des zukünftigen Tempels in Jerusalem als Zentrum der Macht braucht man diese legendäre Vorgeschichte.

Salomos Tempel

Historisch betrachtet baut Salomo einen Tempel für einen Gott, den es noch gar nicht gibt.
Man geht man davon aus, es gab um das Jahr 1000 v.Chr. eine Königsdynastie Davids mit seinem Sohn Salomo. Den einzigen Gott Israels hat es um diese Zeit noch nicht gegeben!
Der Monotheismus ist eine Entscheidung der abrahamitischen Religion erst aus dem 5.Jahrhundert.
Ein historischer Salomo mag alle möglichen Götter Palästinas verehrt

haben. Vielleicht hat er auch mehrfach mit dem Wechsel der Frau die Verehrung eines Gottes gewechselt. Für irgendeinen der Götter, die im 10.Jahrhundert verehrt wurden, hat er in Jerusalem ein Heiligtum errichtet.

Diese Story wird nun durch die Abrahamitische Religion umgeschrieben. Salomo wird zum bedeutendsten König aller Zeiten, denn er hat den Tempel in Jerusalem erbaut.

Diese umfangreiche literarische Tätigkeit der Judäer in Babylon komponiert einen mythischen Geschichtsablauf.[2]

Geschichte der Bibel versus Realgeschichte

Zweierlei Geschichte

✔ Das Abendland hat seit dem griechischen Historiker Herodot gelernt, in geschichtlichen Kategorien zu denken. Der Historiker rekonstruiert den Ablauf der Geschichte.

✔ Die Arbeit der Priesterredaktion hingegen komponiert eine Geschichte als Gottesgeschichte vom Anfang der Welt an. Diese ist theologisch ausgerichtet und liefert die Begründung für die Abrahamitische Religion, für den Glauben an einen Gott und sein auserwähltes Volk.

Das hat einen doppelten Geschichtsbegriff zur Folge.
Der historische Werdegang der Abrahamitischen Religion ist ein anderer als die Gottesgeschichte, die das Alte Testament bietet.

→ In diesem Sinn ist die Wanderung Jakobs mit seinen zwölf Söhnen aus Babylon nach Jerusalem 'historische' Geschichte.

---

2 Mythos ist als Gottesgeschichte definiert

➜ Hingegen ist die Wanderung des Gottesvolkes unter Mose durch den Sinai nach Jerusalem eine Gottesgeschichte. (Sie bezeichnen die Griechen als Mythologie) Infolge einer vermeintliche Kontinuität des Gottesglaubens erscheint das babylonische Exil nur als kurze Unterbrechung des Verlaufs der Gottesgeschichte.

➜ Anders in der historischen Geschichte. Hier stellt sich das babylonische Exil als Ursprung der Abrahamitischen Religion dar.

Der komponierte, literarische Geschichtsverlauf wird in der Bibel wie folgt erzählt:
Von Anfang an gibt es den Glauben an nur einen Gott, der die Welt gemacht hat. Er legt einen Garten des Paradieses an, in dem Adam und Eva sorglos leben. Nach einem Sündenfall ist Schluss damit. Bereits bei Adams Söhnen, Kain und Abel, gibt es einen ersten Mord. Das Böse vermehrt sich unter den Menschen wie diese selbst. Gott vernichtet mit einer großen Flut alle Sünder. Nur der gottgläubige Noah überlebt die 'Sündenflut' und schwimmt in seinem Kasten in eine neue Zukunft. Noah hat drei Söhne Sem, Ham, Jafet. Ein Nachfahre von Sem, Abraham, wird von Gott erwählt, zum Stammvater eines großen Volkes zu werden. Er wandert von Mesopotamien nach Kanaan, das ihm von Gott als heiliges Land zugeteilt wird. Sein Sohn heißt Isaak. Isaak bekommt von Gott den Namen 'Israel'.Dieser hat 12 Söhne, die sich später zu den 12 Stämmen Israels entwickeln. Wegen einer Hungersnot siedelt die Familie Jakob nach Ägypten über, wo sie 430 Jahre [3] bleibt. In dieser Zeit sind die Nachfahren ein zahlreiches Volk geworden.[4] Mose ist von Gott auserwählt, die Leute aus dem Frondienst des Pharao

---

3   2.Mose 12,40: 430 Jahre/ nach 1.Mose 15,13: 400 Jahre
4   2.Mose 12,37 nennt 600.000 Männer ohne Kinder

wegzuführen. Vierzig Jahre hat die Wanderung durch die Sinai-Halbinsel gedauert, bis das Volk in Palästina ankommt. Nach einiger Zeit, in der Richter an der Spitze des Volkes standen, wird Saul zum 1.König gewählt. Sein Nachfolger David erobert Jerusalem von den Jebusitern. Dessen Sohn Salomo baut den Tempel. Nach seiner Regentschaft zerfällt das Reich in den Nordstaat Israel und den Südstaat Juda. Die Babylonier zerstören Jerusalem und verschleppen das Volk in die Gefangenschaft nach Babylon. Unter Esra und Nehemia kehrt das Volk nach Jerusalem zurück.

Die Realgeschichte sieht nach heutigem Wissensstand wie folgt aus:

Im Jahr 587 zerstört Nebukadnezar Jerusalem und führt einen Teil der Bevölkerung gefangen nach Babylon. Erst hier entwickeln die Judäer ihren Ein-Gott-Glauben. Sie nehmen Teile der Gedankenwelt Mesopotamiens in ihre Religion auf. Erst hier entwickeln sie eine Schriftsprache, das Hebräisch, in der sie Erzählungen der Vorfahren aufschreiben - literarisch aufbereitet.

Mit dem Ziel, einen Gottesstaat in Jerusalem zu gründen, wandern unter Esra und Nehemia etliche Nachfahren der Deportierten nach Palästina. In ihrem Schriftgut erscheint der Urvater Abraham als Symbolgestalt für die Einwanderung nach Kanaan. Der beschwerliche Weg eines Mose mit seinem Volk wird zum Vorbild, die Mühe einer Reise nach Kanaan auf sich zu nehmen. König Salomo wird stark glorifiziert als Erbauer des Jerusalemer Tempels. Die literarische Produktion wird später als Buch zusammengestellt, das die Juden 'Tanach' nennen. Die Christen fügen diese Schriften etwa 300 Jahre später als 'Altes Testament' ihrer Bibel hinzu.

Seit wann gibt es biblische Bücher?

Biblische Schriften gibt es erst nach 587 v.Chr.

Generell bleibt die alttestamentliche Wissenschaft den Beweis schuldig, dass es bereits Schriften aus dem 7.-9. vorchristlichen Jahrhundert gegeben hat.

Ist es denkbar, dass Schriftstücke die Zerstörung Jerusalems im Jahres 587 v.Chr. überdauert haben können?

Die biblische Überlieferung erzählt ausführlich, welche Mengen an Gold und Silber, wie viele Leuchter und andere heilige Kultgegenstände aus dem Tempel die Sieger mit nach Babylon genommen haben. Von heiligen Schriften, die mitgenommen wurden oder verbrannt sind, steht nirgends etwas.

Angesichts der Katastrophe einer schweren Zerstörung ist es unwahrscheinlich, dass irgendwelche Schriftdokumente die Brandschatzung der Stadt Jerusalem überdauert haben. Alle früheren Überlieferungen existieren nur als mündliche.

Die politische Wende in Babylon

Im Jahr 538 v.Chr. fällt der Perserkönig Kyros ins Zweistromland ein und erobert Babylon. Damit beginnt ein neues Kapitel in der Geschichte des alten Orients.

Kyros toleriert die Eigenheiten der verschiedenen Völker und Religionen in seinem neuen Weltreich. Diese neue Freiheit eröffnet es den einst deportierten Judäern daran zu denken, in die Heimat ihrer Vorfahren zurückzukehren. Das tun einige.

Erste Heimkehrer nutzen die Gelegenheit, in das Land ihrer Vorfahren zu reisen. Der Neuanfang in der zerstörten Stadt Jerusalem ist mühsam. Die neue Generation kennt ja das Land gar nicht, von dem ihr erzählt worden ist. Die Alten haben ihre frühere Heimat geschönt und glorifiziert.

Die wichtigsten Kennzeichen des Gottesstaates

An erster Stelle steht der Glaube an einen einzigen Gott. Oberster Grundsatz der abrahamitischen Religion ist der **Monotheismus**. Diesen gab es vor der Zeit des Exils noch nicht. Der religiöse Alltag im vorexilischen Kanaan war die religiöse Vielfalt. Der Gott Jahwe war nur einer unter anderen Gottheiten, die verehrt wurden. Es wurden Naturgottheiten auf den Berghöhen verehrt. Die Verehrung des kanaanäischen Fruchtbarkeitsgottes Baal war weit verbreitet. Auch dessen Gattin Aschera hatte ihre Anhänger. In Jerusalem gab es ein Heiligtum für den Götzen Moloch und einen Altar für Astarte. Die religiöse Vielfalt reichte selbst bis in den Jerusalemer Tempel hinein. Auch hier wurde neben Sternen als Gottheit der Gott Baal verehrt. Die Bibel berichtet im zweiten Königsbuch Kapitel 23 ausführlich über die religiöse Vielfalt in Jerusalem und im Land Juda.

Etwa im Jahr 620 v.Chr. hatte der König der Judäer, Joschija, versucht, die Vielgötterei abzuschaffen. Doch er wurde ermordet und wenige Jahrzehnte später ging das Reich Juda unter. Es ist erst die spezifische abrahamitische Theologie, die Verehrung anderer Gottheiten als Sünde der Vorväter darzustellen. Hier beginnt der Monotheismus.

Die Existenz des einzigen Gottes wird anschaulich gemacht

Die Judäer in Babylon stehen vor der Frage 'Welcher Gott unter den vielen in ihrem Umfeld ist der richtige?' In der Gottesfrage ist ein Mann besonders aktiv. Er heißt Ezechiel und ist priesterlicher Abstammung. Er erzählt, wie ihm der einzige und wahre Gott in einem Raumfahrzeug begegnet ist. Ezechiel proklamiert: Gott ist eine wirkliche, doch zumeist unsichtbare Person. Mit seinen von

Engeln gelenktem Fahrzeug kann er hierher an den Euphrat kommen, wie auch nach Jerusalem schweben. Interessantes weiß Ezechiel zu erzählen:

An jenem Tag öffnete sich der Himmel und die Wolke brach auf und aus ihrem Inneren leuchtete ein helles Licht wie der Glanz von gleißendem Gold. In dem Licht sah ich vier Gestalten, die wie Menschen aussahen, doch hatte jede von ihnen vier Flügel. Sie hatten Menschenbeine mit Hufen wie Stiere und ihr ganzer Körper funkelte wie blankes Metall. Unter den Flügeln sah ich vier Menschenarme. Jede der geflügelten Gestalten hatte vier Gesichter. Sie konnten sich in alle vier Richtungen bewegen, ohne sich umzuwenden. Sie gingen wohin der Geist Gottes sie trieb. Zwischen den geflügelten Gestalten war etwas, das wie ein Kohlenfeuer aussah. Aus dem Feuer kamen Blitze. Als ich genauer hinsah, erblickte ich neben jeder der vier Gestalten ein Rad, das den Boden berührte. Alle Räder waren gleich groß und funkelten wie Edelsteine. In jedes Rad war ein zweites Rad im rechten Winkel eingefügt, sodass es nach allen vier Richtungen laufen konnte, ohne vorher gedreht zu werden. Die Räder waren riesengroß und ihre Felgen waren ringsum mit funkelnden Augen bedeckt Wenn sich die geflügelten Gestalten fortbewegten, dann bewegten sich auch die Räder mit ihnen, und wenn sich die Gestalten von der Erde erhoben, hoben sich auch die Räder von der Erde. Ein Geist und ein Wille beherrschte alle vier. Über den Köpfen der vier Gestalten sah ich eine feste Platte, von der ein Schrecken erregender Glanz ausging. Sie ruhte auf den Köpfen der Gestalten. Ich hörte das Rauschen der Flügel. Es dröhnte wie die Brandung des Meeres, wie die Donnerstimme des allmächtigen Gottes. Auf der Platte aber stand etwas, das aussah wie ein Thron aus blauem Edelstein, und darauf war eine Gestalt zu erkennen, die einem Menschen glich. Die ganze Gestalt war von einem Lichtkranz umgeben. So zeigte sich mir der Herr in seiner strahlenden Herrlichkeit.

Ezechiel versteht es, seine Landsleute von dem Glauben an den einzigen wahren Gott zu überzeugen. Alle anderen, nur als Abbild verehrte Götter, charakterisiert er als falsche Götter. An solche zu glauben ist Unglaube. Für die Judäer darf es nur den Glauben an diesen einen Gott geben. Sein Name ist Jahwe. Der Monotheismus ist oberstes Gebot.

Das Ziel

Das Selbstverständnis der abrahamitischen Religion zielt von Anfang an auf ein Leben in einem Gottesstaat. Dieser soll und wird in Jerusalem realisiert. Die Familiendynastie eines Abraham mit seinem Sohn Isaak und dem Enkel Jakob stammt aus Mesopotamien. Abraham wird zum Vorreiter einer Landnahme nach dem Exil.
In der Überlieferung wird die Symbolfigur des Abraham in sehr alte Zeit zurückdatiert. Patina hohen Alters soll Autorität vorgeben, Echtheit verbürgen. Es soll den Anschein haben, als reiche Gottes Versprechen für ein eigenes Land sehr weit zurück. Diese Legitimierung beansprucht die Religion Abrahams, wenn in noch nicht absehbarer Zukunft das Land Kanaan besiedelt werden soll.
Hier ist der historische Platz für die Symbolfigur Abrahams. Sein mythischer Platz wird in eine viel frühere Zeit verlegt. Abraham ist der Prototyp des Einwanderers. Seinem Vorbild zur Übersiedlung von Babylon nach Jerusalem sollen sich viele seiner Zeitgenossen anschließen. Ihr religiöser Lohn wird es sein, zum Volk Gottes zu gehören.

In der Realität ist nur ein Teil der Menschen nach Jerusalem übergesiedelt, deren Vorfahren einst von dort ins Exil verschleppt wurden. Das Leben in dem weltoffenen Land Mesopotamien muss für die Nachfahren in zweiter oder dritter Generation weit angenehmer gewesen sein, als ein Neuanfang in den Trümmern des zerstörten Jerusalems. Für die meisten wäre es ein fremdes, unbekanntes Land. In späteren Jahrhunderten hat es eine größere Gruppe ehemaliger Judäer gegeben.

Aus Babylon nach Jerusalem (ab 520 v.Chr.)

Es konnten genügend Leute zur Rückkehr bewegt werden. Die Umsiedlung hat sich über einen längeren Zeitraum hingezogen. Die Rückkehrer aus Mesopotamien kamen religiös aufgeheizt nach Jerusalem. Sie hatten sich die 'Jahwe-allein-Bewegung' auf die Fahnen geschrieben. Ein Land, ein Volk, eine Religion, ein Gott, ein Heiligtum!

Der Glaube an nur einen Gott ist ihr oberster Grundsatz. Jetzt können sie sich ihre religiösen Vorstellungen erfüllen, von denen sie in Babylon bisher nur geplant und geträumt haben.

Unter den Nachfahren der Judäer wird in Babylon Werbung für die neue Religion gemacht: Kommt mit nach Jerusalem! Nur wer zum Exodus bereit ist, wird zu dem neuen Volk Gottes gehören. Der Glaube an Gott muss umgesetzt werden. Begeisterung für die Zukunft gehört zur abrahamitischen Religion.

Ihre Leitfigur ist Abraham, der aus Mesopotamien wegziehende Gottesmann. Das Ziel der Auswanderer ist das von Gott zugesagte Land Palästina. Hier gründen sie ein Gemeinwesen in dem allein das Gebot des einen Gottes gilt.

Dieses Sozialsystem ist nicht anders denn als Gottesstaat zu charakterisieren. Das Machtzentrum ist der Tempel in Jerusalem. Zu einer Proklamation des priesterlichen Gottesstaates in Jehuda/Jerusalem kommt es erst später unter Esra und Nehemia im Jahr 445 v.Chr. Die Realisierung des Gottesstaates hat ein

Jahrhundert Zeit zu seiner Entfaltung.

Das heilige Land

Ezechiel ist einer der führenden Köpfe der abrahamitischen Religion. Er selbst fühlt sich als der Sprecher Gottes. Andere „falsche Propheten", werden als Sprecher Gottes nicht mehr zugelassen. Die Ältesten Israels kommen zu ihm, um Rat einzuholen. Wie ein Statut der abrahamitischen Religion liest sich das Buch des Propheten Ezechiel.

Ezechiel fordert gemäß dem Willen Gottes die Besiedlung des Landes der Väter. „Die beiden Länder Israel und Juda gehören jetzt mir, ich will sie in Besitz nehmen!"[5] Es ist das Land, das ich mit einem Eid versprochen habe, so spricht Gott durch Ezechiel.

Wo auch immer derzeit die Judäer leben, „ich, der Herr, werde sie aus den Völkern, unter die sie zerstreut sind, sammeln und ihnen das Land Israel zum Besitz geben"[6]
„Abraham war nur ein einzelner Mann, und Gott gab ihm dieses Land zum Besitz. Wir sind viele, also gehört es uns erst recht!" Der neue Staat soll später einem prächtigen Garten gleichen. „Ich mache das Land rings um meinen Tempel fruchtbar. Ich schicke Regen zur rechten Zeit, so dass die Bäume und Felder reichen Ertrag bringen... Ohne Angst und Sorgen werden die Menschen in ihrem Land wohnen". Die Rückkehr der Verbannten nach Jerusalem ist das große Ziel.

Gott sagt: „Auf meinem heiligen Berg mitten im Land Israel werden alle Israeliten mir dienen." Umfangreich ist die Vision eines Ezechiel über die Ausmaße des in Jerusalem zu errichtenden Tempels.

---

5   Ezechiel 35,10
6   Ezechiel 11,17

Der Text ist in der Beschreibung über die Größe und Anzahl der Räume, der Mauern und Tore trotz vieler Maßangaben nicht eindeutig zu interpretieren. Zur künftigen Innenausstattung des Tempels werden geschnitzte Figuren von Keruben gehören. Sie entsprechen den menschenähnlichen Figuren, die das Raumfahrzeug Gottes steuern.

Der gesamte Tempelbezirk soll von einer Mauer umgeben werden. Das Ausmaß von 250 m im Quadrat wird in dieser Vision angegeben. „Der gesamte Tempelbezirk auf dem Gipfel des Berges ist mir geweiht." Heiligkeit heißt, „von jetzt an darf nie mehr ein Fremder, der am Körper und im Herzen unbeschnitten ist, mein Heiligtum betreten."[7]

Die visionäre Städteplanung ist noch detaillierter. Die Priester dürfen „rings um mein Heiligtum ihre Häuser bauen." Darüber hinaus können Menschen aus ganz Israel in Jerusalem Grund erwerben, der erblich sein soll. Ein König jedoch darf keinen Palast in der Nähe des Tempels bauen. Hier zeichnet sich eine Ablehnung für ein Königtum im künftigen Staat ab.

Die Visionen des Ezechiel machen ziemlich genaue Angaben über die geographische Ausdehnung des Gottesstaates.

Ortsangaben für die Nordgrenze werden ebenso gemacht wie für die Südgrenze zu Ägypten. Die Ostgrenze folgt dem Jordan, die Küste des Mittelmeers begrenzt das Land im Westen.

Dieses Land Gottes gehört uns!

Gesetze für das Zusammenleben

Jedes Zusammenleben braucht Regeln. In Babylon gab es solche. Sie waren für alle Menschen gleich. Heute würde man sagen, die erste

---

7 Ezechiel 44,9

'Charta der Menschenrechte'. Auf einem mannsgroßen Steinblock waren die Gesetze eingemeißelt, an die sich alle zu halten hatten.

Die Regeln/Gesetze waren öffentlich zugänglich. Dieser Gesetzesstein des babylonischen Königs Hammurapi befindet sich heute im Louvre in Paris.
Für einen Neuanfang des Zusammenlebens in Jerusalem braucht man einen Ersatz. Die Manager der neuen Religion müssen Gesetze erlassen. Es soll aber nicht so aussehen, als hätten sich Menschen (wie bei allen Herrschern zum eigenen Nutzen) diese Vorschriften ausgedacht.
Den Gesetzen wird eine Uralt-Patina angeheftet. Dafür kommen alte Geschichten über Fremdarbeiter zu Hilfe. Sie wurden immer noch erzählt, von Generation zu Generation weitergegeben.

Moses und die Hebräer

Ägyptische Quellen kennen Hapiru/Habiru als ein Wort für Fremdarbeiter.[8] In der Bibel liest man, dass Hebräer beim Bau der Städte und neuen Residenz Pitom und Ramses geholfen haben.[9] Da gab es Freiwillige und Sklaven. Da gab es auch Unzufriedene, denen die Arbeit nicht schmeckte. Unzufriedene sind stets homogen, das einzige was sie eint ist 'nix wie weg'. Und da gab es auch eine Führerpersönlichkeit, Moses.

Moses[10] ist ein Findelkind einer ägyptischen Prinzessin. Er genießt die Bildung am Königshof. Dann wird ihm ein Mord zur

---

8   Wortbedeutung 'hereinholen'. H-B-R =Hebräer. Vokale werden im Hebräischen nicht geschrieben
9   Exodus/2.Mose 1,11 - Ramses II. 1279-1213 v. Chr.
10 Im Ägyptischen meist in Verbindung Thutmose, Amose u.a.

Last gelegt und er flieht in die Wüste Sinai, wo er vor Verfolgung sicher ist.

Bei dem Priester eines unbekannten Kultes findet er Unterschlupf und heiratet dessen Tochter. Dann kommt es zu einer Wende in seinem Leben. Aus einem brennenden Dornbusch heraus hört er die Stimme Gottes 'befreie mein Volk aus der Knechtschaft Ägyptens'. Moses geht nach Ägypten zurück und wird Anführer und Befreier der Unzufriedenen.

Die orientalische Fabulierfreude gibt der Gruppe gleich mal die Größe eines ganzen Volkes. Hatte sich Mose bisher allein aus dem Staube gemacht, so führt er nun eine größere Gruppe aus Ägypten heraus. Als Anführer weiß er, dass ein solches Unternehmen nicht ohne Regeln für das Zusammenleben gelingen kann. Dazu braucht es einen Minimalkodex des menschlichen Miteinander-Umgehens.

Die einfachsten Regeln, die man sich an den zehn Fingern abzählen kann, müssen eingehalten werden. Die Zeitdauer der Flucht, vierzig Jahre, wird mal nebenbei auch etwas übertrieben.
Bei den zehn Regeln handelt sich nicht um Kurzfristiges, sondern um Regeln des Zusammenlebens für eine lange Zeit.
Die Regel 'ehre Vater und Mutter' gilt besonders auf Reisen. Den Eltern (Älteren), denen die körperlichen Strapazen einer Flucht schwer fallen, muss man behilflich sein.
Die strapaziöse Wanderung braucht Ruhepausen, 'heilige den Feiertag', das ist unerlässlich.
Und vor allem die Grundregel, dem Anderen nichts zu 'klauen'.

Solche Grundregeln und deren strikte Einhaltung hat der Anführer Moses vor dem bunt zusammengesetzten Haufen seiner Fluchttruppe zu einer nicht verhandelbaren Bedingung gemacht.

Der Schreiber in Babylon verbindet diese alte Geschichte mit der Forderung des Monotheismus. Diese Gesetze, die zehn Gebote, werden mit der Überschrift versehen 'ich bin der Herr dein Gott'. Nicht Mose hat sich diese Gesetze ausgedacht. Nein, das ist ewig gültiges Gottesgesetz von jeher. Wer sich nicht daran hält, hat auch kein Recht zu leben.

Die Umstände der Flucht erweisen sich schwieriger als gedacht. Es kommt zu einer Revolte gegen den Anführer. Anstatt den Gott des Moses anzuerkennen, machen einige ein Abbild eines Stiers aus dem ägyptischen Kult zu ihrem Gott. Das war zu viel. Mose lässt sie alle töten.

Es gibt keine Toleranz für eine andere Religion.

Der Ausbau der Gesetze

Die Übergabe der Gesetze an Mose erfolgte in der Einsamkeit des Sinai. Nur Mose allein durfte zu Gott auf den Berg steigen. Bei der ersten Begegnung erhält Mose die zehn Gebote nur mündlich. Bei einem zweiten Treffen auf dem Berg übergibt Gott zwei Steintafeln mit den eingeritzten Geboten Moses.

Die Gebote lauten:

1) ich bin der Herr dein Gott
2) fertige dir kein Gottesbild an
3) missbrauche nicht den Namen Jahwe
4) der Tag der Ruhe ist der siebente
5) ehre Vater und Mutter
6) morde nicht
7) zerstöre keine Ehe
8) raube keinem seine Freiheit
9) sage nichts Unwahres
10) Diebstahl verboten

(der Wortlaut steht 2.Mose/Exodus 20, 1-17)

Im Fortgang der Geschichte hat Moses diese göttlichen Tafeln zerschmettert. Anlass für seinen Wutausbruch ist der 'Kult um das goldene Kalb', ein Abbild des ägyptischen Stiergottes.
Die Zerstörung der Tafeln war passiert. Nun mussten neue her.
Jahwe hilft und befiehlt Moses: „Hau dir zwei neue Tafeln zurecht, so wie die ersten. Ich werde darauf schreiben"[11] Moses steigt am nächsten Tag mit unbehauenen Steinplatten auf den Berg. Überraschender Weise muss nun Moses tätig werden. Er muss selbst schreiben, den Stein ritzen.

Das dauert. Vierzig Tage lang hat er zu tun, die neuen zehn Gebote aufzuschreiben.
Moses ist derjenige, der das Duplikat der Tafeln beschreibt.
Der Wortlauf ist ein anderer als in der ersten Fassung.

Der Text des Duplikates lautet:
1) ihr dürft keinen andern Gott anbeten
2) ihr dürft euch keine Götterbilder machen
3) haltet das Fest der ungesäuerten Brote (Pessach)
4) jede Erstgeburt gehört mir
5) sechs Tage sollt ihr arbeiten und am siebenten Tag ruhen
6) das Fest nach der Weizenernte und der Weinlese sollt ihr feiern
7) ihr dürft zum Opferfleisch kein Sauerteigbrot essen
8) das Fleisch des Pessachopfers darf nicht über Nacht aufbewahrt werden
9) die ersten Früchte der Felder sollt ihr zum Tempel bringen
10) ihr dürft ein Zicklein nicht in der Milch seiner Mutter kochen
(Der Wortlaut steht 2.Mose/Exodus 34, 14-28)

---

11 Exodus/2.Moses 34,1

Wie dem Unterschied zwischen der Erstfassung und dem Duplikat zu entnehmen ist, stellen diese Gebote bereits auf das Zusammenleben im Gottesstaat Jerusalem und seines Kultes ab.
In den Büchern des Moses ist eine Fülle von Verordnungen und Gesetzen zwischen den beiden Versionen der Gesetzestafeln zu finden. Mit dem sogenannten Bundesbuch[12] ist die fortlaufende Erzählung unterbrochen worden.
Die Zehn Gebote des Moses sind die Grundlage für alle weiteren priesterlichen Gesetze.
Die Judäer kannten diese alte Überlieferung aus der Wüste. Es gab Regeln, die sich an den zehn Fingern abzählen lassen. Aus den Erzählungen der Vorfahren kannte man diese Grundforderung für soziales Verhalten. Diese Zehn Gebote sind göttliches Gesetz.

In einer anschaulichen Geschichte wird erzählt, wie Gott diese Gebote in einer einsamen Bergwelt an Mose übergeben hat. Da die Gebote göttliche Herkunft sind, wird ihre strenge Einhaltung gefordert.

Das Verbot von Mischehen

Grundsätzlich sind Ehen mit fremden Frauen verboten. Denn es wird unterstellt, dass fremde Frauen andere Götter verehren. Eine Ehe mit einem Partner, der einer anderen Religion angehört, scheidet aus. Die Einmaligkeit des Gottes Jahwe könnte untergraben werden. Das Staatsgesetz steht unter der Überschrift „Ich bin der Herr dein Gott, du sollst nicht andere Götter neben mir haben".
Zum Zeitpunkt der Ankunft von Esra 458 v.Chr. gab es eine Reihe von Mischehen. Bis in die obersten Schichten hinein haben sich die Judäer im Lande bedient, statt eine Frau aus Mesopotamien zu holen. 'Volk, Priester und Leviten haben sich nicht ferngehalten von

---

12 Exodus/2.Mose 20,22 – 23,33

den Bewohnern des Landes, die Götzen verehren.'[13].
Unerbittlich vollzieht Esra eine Trennung dieser Mischehen.
Denn es gibt nur einen Gott!

Der Name des einzigen Gottes

Gott hat einen Namen, Jahwe. Er ist in gewaltiger Weise einem
Ezechiel erschienen. Er hat sein Raumfahrzeug gleichermaßen nach
Babylon wie nach Jerusalem gelenkt. Ihr Heiligtum liegt in
Jerusalem, so der abrahamitische Glaube. Der Gottesstaat wird in der
persischen Provinz Jehuda (Jerusalem) errichtet.

Bereits in der vorexilischen Zeit gab es den Gottesnamen Jahwe. Er
ist sehr alt. Alle Wahrscheinlichkeit spricht dafür, dass der
Gottesname Jahwe aus dem vor-israelitischen Kult vom Sinai
stammt, als Name der Gottheit, die am Sinai verehrt wurde.

Die Gründe für die Übernahme gerade dieses Namens konnten
bisher religionsgeschichtlich nicht geklärt werden.
Den bisher ältesten archäologischen Beleg für den Namen Jahwe hat
man auf der sogenannten Mescha-Stele gefunden. Sie wurde östlich
des Toten Meeres im Gebiet der Moabiter gefunden. Man datiert sie
in die Zeit etwa 850 v.Chr.

Vier Buchstaben (Tetragramm) markieren den Gottesnamen JHWH.
Aus Gründen besonderer Heiligkeit war es verboten, diesen Namen
auszusprechen. Beim Verlesen eines biblischen Textes sagte man
einfach „Name" (auf hebräisch „Haschem").
Erst in jüdischer Zeit gebrauchte man die Anrede „mein Herr", um
den Gottesnamen aussprechen zu können.

---

13 Esra 10,10

Der alte hebräische Text bestand nur aus Konsonanten. Die Vokale mussten für den Schriftkundigen dazu gelernt werden.

Als die Aussprache hebräischer Texte in Vergessenheit zu geraten drohte, hat man die Vokale durch ein System von Punkten nachträglich ergänzt. Man setzte zu dem Tetragramm JHWH die Vokalpunkte für 'mein Herr', um eine Aussprache zu markieren. Das führte zu dem Missverständnis, als heiße Israels Gott 'JeHoWa', latinisiert 'JEHOVA' Das ist ein Wort, das es nie gegeben hat.

Etwa im Jahr 620 v.Chr. hatte der König der Judäer, Joschija, versucht, die Vielgötterei abzuschaffen. Doch er wurde ermordet und wenige Jahrzehnte später ging das Reich Juda unter.

Es ist erst die spezifische abrahamitische Theologie, die Verehrung anderer Gottheiten als Sünde der Vorväter darzustellen. Den alttestamentlichen Monotheismus bezeichnet die jüngere Bibelwissenschaft als „Jahwe-allein-Bewegung". Diese ist im Kern religiöser Totalitarismus.
Die Abrahamitische Religion ist Staatsdoktrin. Sie beinhaltet die Forderung, einzig und allein den Gott Jahwe zu verehren.

Das Volk Gottes

Ein weiteres Kennzeichen der abrahamitischen Religion ist der Anspruch, ein auserwähltes Volk unter den anderen Völkern zu sein. Das ist ein Konstrukt der abrahamitischen Theologie. Vor dem Exil gibt es den Gedanken eines einheitlichen Volkes schon deshalb nicht, weil das spätere Gottesvolk in zwei Staaten lebt. Das erklärt dann auch den besonderen Ruhm, der einem König David posthum angedichtet wird. Er hat die beiden Staaten, Israel im Norden und Juda im Süden Palästinas, für einige Zeit unter einem Königtum vereint.

Die Behauptung, ein auserwähltes Volk zu sein, führt zwangsläufig zu einer Abwertung von Angehörigen anderer Völker. Infolge dessen werden die Nachbarn des Gottesstaates diffamiert. Die Bewohner des ehemaligen Staatsgebietes Israel, jetzt die Provinz Samaria nördlich von Jerusalem, trifft es als erste. Sie haben sich freiwillig gemeldet, und wollen den Jerusalemer Tempel mit aufbauen. Esra hat sie schroff zurück gewiesen. Sie beten auf ihrem heiligen Berg Garizim den falschen Gott an. Mit den Samaritanern will das exklusive Gottesvolk nichts zu tun haben. Der abfällige Ruf gegenüber den Samaritanern findet sich noch zu Zeiten Jesus im Neuen Testament und später.

Wir sind das auserwählte Volk!
Übelste Diffamierung trifft die Nachbarn im Südosten, die Ammoniten und Moabiter. Sie sind Nachkommen aus Inzucht. Folgendes wird erzählt: Abrahams Neffe Lot siedelt östlich des Toten Meeres. Nach dem Untergang der Städte Sodom und Gomorrha fehlt es an Männern in diesem Gebiet. Lot hat zwei Töchter. Diese wollen nicht kinderlos bleiben.
Sie machen ihren eigenen Vater betrunken und schlafen mit ihm. Erst die eine, nach Erfolg die andere. Beide bekommen einen Sohn. Die ältere Tochter gebar Moab. Daraus wurde später das Volk der Moabiter. Die jüngere Tochter gebar Ammi. Die Nachkommen sind das Volk der Ammoniten. Will man mit solcher Inzucht etwas zu tun haben? Auf solche Menschen kann man doch nur verächtlich herabschauen.
Einen Exklusivanspruch, ein auserwähltes Volk Gottes zu sein, werden alle späteren Religionsentwicklungen beibehalten.
Die eben genannte Geschichte von Inzucht oder der eingangs erzählte Seitensprung Saras mit dem Pharao lässt die Frage stellen,

wie berichtet die Abrahamitische Religion über Sex?

Sex in der abrahamitischen Religion

Das erste Buch Mose geht davon aus, dass es Sex außerhalb der Ehe schon seit dem Anfang der Welt gegeben hat. Damit fingen schon die Söhne des Allerhöchsten gleich nach der Erschaffung der Welt an. *'Da sahen die Gottessöhne, dass die Töchter der Menschen sehr schön waren. Sie nahmen die von ihnen als Frauen, die ihnen am besten gefielen, und zeugten mit ihnen Kinder.'*
Der sexuelle Kontakt zwischen den Überirdischen und den Menschen wird ohne moralische Qualifizierung erzählt. Die *'großen Helden der Vorzeit'* entstammten *'der Verbindung der Gottessöhne mit den Menschentöchtern'.*[14] Daraus entstand das Geschlecht der Riesen auf der Erde. Überlegene Gestalten waren ein exzellentes Phantasiegebiet in früheren Zeiten, dem hier nicht weiter nachgegangen werden soll.

Weiterhin ist Fremdgehen eine königliche Sache. Was die Söhne Gottes dürfen, steht wohl auch einem König zu. König David machte es nicht anders; er hatte viele Frauen und nahm sich, was ihm gefiel. Einmal sah er von seinem Palast in Jerusalem aus im Hof eines Nachbarhauses eine schöne Nackte beim Bade. Seine Lust entbrannte. Diese Frau wollte er sofort für sich haben. Er schickte Boten hin und ließ sie ins Schloss holen. König David schlief mit ihr. Sie hieß Batseba und war mit einem Hethiter verheiratet. Einige Zeit später teilte die Dame dem König mit, dass sie schwanger geworden war. Dem König kam gelegen, dass gerade Krieg herrschte. Er ordnete an, dass der Ehemann an die vorderste Front zu stellen sei, wo dieser alsbald den Tod fand. König David heiratete die nun

---

14 Genesis/1. Buch Mose 6, 1-4

verwitwete Frau.[15]
Bei den Beispielen mit solchen hoch angesehenen Liebhabern kann man eine Freiwilligkeit bei den Frauen unterstellen. Doch das trifft nicht immer zu. Von Vergewaltigungen wird mehrfach berichtet. Der Königssohn Amnon hatte sich seine eigene List ausgedacht, das bildhübsche Mädchen Tamar zu vernaschen. Er stellte sich krank und verlangte, von ihr eine Speise an seinem Bett zubereitet zu bekommen. Alles lief nach Plan. Da kam Amnon blitzschnell unter der Bettdecke hervor, umschlang Tamara und zog sie ins Bett. Sie flehte, dass er ihr nichts antun möge; sie habe das noch nie gemacht und sei noch Jungfrau. Doch Amnon konnte sich nicht mehr beherrschen, war er doch krank vor Liebe. Gewaltsam drückte er ihre Schenkel auseinander und drang in sie ein. Ruck-zuck war alles vorbei. Nachdem er sich seines Samens entledigt hatte, fand er Abneigung gegen Tamar, ja mehr noch: Er hasste sie. Keiner kümmerte sich mehr um Tamar. [16]

Aus den späteren Sagen der Römer kennt man den Frauenraub aus dem Nachbarvolk der Sabiner, weil es an eigenen Frauen fehlte. So etwas gab es früher auch schon. Im israelitischen Stamme Benjamin fehlte es an Frauen. Die Ältesten gaben den unbeweibten jungen Männern den Rat: 'Legt euch in den Weinbergen auf die Lauer, und wenn ihr die jungen Mädchen von Schilo zum Festtanz kommen seht, dann stürmt hervor, und jeder raubt sich eines von ihnen als Frau. Nehmt sie mit in euer Stammesgebiet. Die Männer Benjamins befolgten den Rat, und jeder raubte sich aus den tanzenden Mädchen eines und machte es zu seiner Frau.'[17]
Die Zeit ist weit entfernt von einer Emanzipation der Frauen.

---

15 2. Buch Samuel Kapitel 11
16 2. Buch Samuel Kapitel 13
17 Der Frauenklau steht in Richter 21, ab Vers 20 ff.

Auch über Sex in der Öffentlichkeit wird berichtet. Absalom, ein
Sohn des König David, hatte gegen den Vater geputscht. Der König
selbst konnte fliehen. Absalom besetzte den Palast, in dem sich die
Konkubinen des Königs aufhielten. Auf einer Terrasse ließ Absalom
ein Lager herrichten. Dort vollzog er den Geschlechtsakt mit den
Frauen seines Vaters vor den Augen der Öffentlichkeit.[18]

In der abrahamitischen Religion gab es das Gebot der Schwager-ehe.
In dem Fall, dass einer jungen Frau der Mann verstirbt und sie noch
keine Kinder hat, muss der Bruder des verstorbenen Mannes bei
seiner Schwägerin für den Nachwuchs sorgen. Denn Kinder gelten
für eine Witwe als so etwas wie eine Lebensversicherung. Es wird
von einem Mann namens Onan berichtet: Seine verwitwete
Schwägerin war nicht so richtig nach seinem Geschmack, nicht sein
Schwarm. Doch wurde er vom Vater angehalten, nach Maßgabe des
Gesetzes mit dieser zu schlafen. Onan beherrschte seine Ejakulation.
Jedes Mal unterbrach er rechtzeitig den Geschlechtsverkehr und ließ
den Samen auf den Boden fallen.[19]   Das ist kein befriedigendes
Sexualleben für die junge Frau. So reift in ihr der Plan, den
Schwiegervater zu verführen, und wie raffiniert sie vorgeht....
Sie setzt sich als Prostituierte an den Wegesrand in Erwartung des
Kommens ihres Schwiegervaters. Dieser spricht die verschleierte,
vermeintlich Unbekannte an, er wolle mit ihr schlafen. Als Lohn
wird eine junge Ziege vereinbart. Damit die vereinbarte Zahlung
auch eingehalten wird, lässt sie sich den Siegelring des Freiers als
Pfand geben. Der Geschlechtsverkehr bleibt nicht folgenlos, sie wird
schwanger.

---

18 2. Buch Samuel 16, 22
19 Genesis/ 1. Buch Mose 38,8

Einige Zeit später offenbart sie ihre Identität und den Urheber ihrer Schwangerschaft an Hand des Ringes. In diesem Fall hat die Dame Glück: Der Schwiegervater nimmt sie in sein Haus.[20]

Die Schriftsteller der abrahamitischen Religion gehen unbefangen mit der Sexualität um. Mehr noch: Ezechiel verlässt die religiöse Sprache, um den Unglauben anzuprangern. Er benutzt das Sprach-Niveau der Pornografie[21] , um den Glauben an einen anderen Gott auf vulgäre Weise bildhaft zu machen. Sich mit der Religion der Ägypter oder Assyrer einzulassen, das ist wie Fremdgehen. Um den abscheulichen Abfall von dem eigenen Gott zu beschreiben, ist keine derbe Sprache abscheulich genug.

'An jeder Straßenecke hast du dein Hurenlager aufgeschlagen und hast deine Schönheit in den Schmutz gezogen. Du warst unersättlich und hast vor jedem, der vorüberging, die Beine gespreizt. Deine Nachbarn, die Ägypter mit dem großen Glied, waren deine besten Freunde; mit ihnen hast du gehurt. Du hattest noch nicht genug und gingst zu den Assyrern, um mit ihnen zu huren, und auch das reichte dir noch nicht. Darum triebst du es mit den Babyloniern, diesem Händlervolk; doch auch da bekamst du nicht genug. An Schamlosigkeit warst du nicht mehr zu übertreffen.'[22]

Wer auf der Suche nach der Quelle für Enthaltsamkeit und Keuschheit ist, der wird in der abrahamitischen Religion nicht fündig.

Übernahmen aus der Religionswelt Mesopotamiens

Unter den religiösen Einflüssen ragt in Babylon neben Marduk der

---

20 Genesis/ 1.Mose 38,15-26
21 Porneia = Unzucht grafein = schreiben
22 Ezechiel / Hesekiel 16,24-30

Glaube an Ahura Mazda heraus. Die Religion des Zarathustra wurde später Staatsreligion des ganzen Persischen Reiches. Der persische Großkönig Darius I. (522- 486 v.Chr.) war Anhänger und Förderer der Zarathustra-Religion. Darius sah sich selbst als König von Ahura Mazdas Gnaden.

Der Judäer Nehemia war ein Beamter von hohem Rang am persischen Königshof. Es darf als sicher gelten, dass die Jahwe-Anhänger in ihrem babylonischen Exil deutlichen Kontakt zu den Grundideen der religiösen Welt des Zarathustra hatten. Der Einfluss seiner Lehre zeigt sich an der Übernahme des Satan und der Vorstellung von Engeln.

Einige Beispiele mesopotamischer Einflüsse sind:

> die abrahamitischen Neuinterpretation über die Entstehung der Welt

> der Interpretation der großen Flut aus der Gilgamesch-Überlieferung. Sie ist Neuanfang für das Volk Gottes.

> Der Gottesmann Moses erhält das Prädikat des Großkönig Sargon: er teilt er das Schicksal des ausgesetzten Kindes, das am Königshof aufwächst.

> Die zoroastrische Vorstellung 'Engel' kommt in die abrahamitischen Religion hinein.

Der Monotheismus wird als Mythos weit in die Vergangenheit projiziert. In der Frühzeit hat Gott alle Menschen getötet, die sich nicht an seine Gebote hielten. Die Sündenflut (Sintflut) hat sie einfach hinweg geschwemmt.

Gott stehen alle Möglichkeiten offen, Abtrünnige auf irgendeine Art zu vernichten. Auf die Einwohner von Sodom und Gomorrha regnete es Feuer vom Himmel. Es verbrannte die gottlosen Menschen und ihre Städte. Der Mythos droht mit Vernichtung für jede andere Gottesanbetung.

Esra der Staatsgründer

Knallhart und kompromisslos wird der Judäer Esra nach seiner Ankunft in Jerusalem im Jahr 458 v.Chr. den Glauben an den alleinigen Gott in die Tat umsetzen.
Esra kann schreiben und lesen. Das ist zur damaligen Zeit des Hervorhebens wert. Er ist Beamter am persischen Königshof. Vom König selbst erhält Esra den Auftrag, das Gesetz für den Judäer-Gott zu schreiben. Er soll es in Jerusalem verkünden und in Kraft setzen.
Die wesentlichen gesetzlichen Teile und Verordnungen für das Leben in Jerusalem sind während der Exilszeit in Babylonien verfasst worden.
Esra ist der 'Schreiber des Gesetzes des Himmelsgottes', wie in der Bibel zu lesen ist.
Doch damit dieses Gesetz als von göttlichem Ursprung ausgegeben werden kann, braucht man alte Patina. Mit dem Gesetz wird die Gestalt des Mose und die Aushändigung auf dem Sinai dichterisch verknüpft.

Esra und Nehemia reisen im Auftrag der persischen Zentral-Regierung nach Jerusalem. Persien hat Interesse an geordneten Verhältnissen in diesem fernen Gebiet des Großreichs an der Grenze zu Ägypten. Die Bibel berichtet, dass Esra vom Großkönig finanziell für den Tempelbau in Jerusalem ausgestattet wird.
Nach der Ankunft in Jerusalem verliest Esra die Tora.[23] Das Buch wird als das 'Gesetz des Moses' bezeichnet.
Esra selbst wird als ein zweiter Moses bezeichnet. Der Priester Esra genießt hohe Wertschätzung. Er hat die Quadratschrift des Hebräischen für den sakralen Gebrauch eingeführt.

---

23 Esra 7,12-26 Gottesgesetz - Verlesung in Nehemia 8

Der Niedergang der Abrahamitischen Religion

Die Kriegszüge Alexanders des Großen verändern die Machtverhältnisse in Palästina.
Der Gottesstaat der Abrahamitischen Religion kann nicht mehr funktionieren, wenn die Regulierung der Lebensweise von fremder Gesetzgebung abhängt. In dieser Lage stellt sich das grundsätzliche Problem:
Wie muss der Gottesstaat auf eine Fremdherrschaft reagieren? Verschiedene Lösungen werden gesucht. Sie führen zu einer religiösen Aufsplitterung der Abrahamitischen Religion.

Aus dieser gehen am Ende Christentum und Judentum hervor.

Der jüdische Geschichtsschreiber Josephus zählt die großen Religionsparteien auf: Sadduzäer, Pharisäer, Essener. Sie sind untereinander tief verfeindet. Ihre religiösen Programme sind so unterschiedlich wie die denkbaren Wege zur Fortführung eines Gottesstaates.

–   Die Religionspartei der **Sadduzäer** zeichnet sich durch politischen Realismus aus. Die Sadduzäer sind bereit, eine Fremdherrschaft zu ertragen, solange der Tempelbetrieb reibungslos funktioniert. Die Sadduzäer bilden die gesellschaftliche Oberschicht von Jehuda. Sie sind weltoffen und profitierten von der griechischen Lebensart.
–   Die **Pharisäer** verstehen sich als die konsequentesten Verfechter ihres Glaubens. Sie wollen für alle Bewohner des Landes ein Leben nach dem mosaischen Gesetz. Die Pharisäer sind strenggläubig und fremdenfeindlich. Aus ihrer Religionspartei wird das spätere rabbinische Judentum

hervorgehen.-
- Die **Essener**. Sie ziehen sich aus der Welt zurück. Sie wollen in einer kleinen Gemeinschaft nach ihrer Vorstellung von Gerechtigkeit leben. Die Makkabäerbücher berichten von einer solchen Gruppe, den Chassidim. Diese verlassen ihre Häuser und ziehen in die Wüste. In der Gemeinschaft von Qumran am Toten Meer hat es sich um eine ähnliche Gruppe gehandelt. Es ist eine Theokratie im Kleinen. Es ist der Weg, der später zu Mönchtum und Klostergründungen führen wird.
- Die **Makkabäer** wählen den unmittelbare Weg. Der heißt Widerstand gegen die Besatzungsmacht. Er wird sich als die schlechteste Lösung erweisen. Gegen die griechischen Seleukiden führen die Makkabäer Krieg. Es sind verlustreiche Kämpfe. Der Weg der kriegerischen Auseinandersetzungen – zuletzt gegen die Römer – führt schließlich das Ende der abrahamitischen Religion im Jahre 70 n.Chr. herbei.
- Ein weiteres Religionsmodell wird durch **Johannes** den Täufer vertreten. Offensichtlich verzichtet er auf eine theokratische Struktur. Außer der Kulthandlung einer Reinigung durch die Taufe wissen wir nicht viel über seine Theologie. Das Neue Testament berichtet, dass Jesus von Nazareth ihn als bedeutend bezeichnet hat.
- Und schließlich beginnt in dieser religionsgeschichtlichen Umbruchphase die neue Botschaft des Mannes aus Nazareth, **Jesus**. Seine Botschaft bindet das Volk Gottes nicht mehr an die Grenzen des abrahamitischen Gottesstaates. Sein neues Glaubensverständnis schafft eine neue Religion.

Die Abrahamitische Religion hat in ihren Zersplitterungen bereits

um das Jahr 100 v.Chr. ihre Substanz verloren. Die Theokratie ist am Ende. Doch der Todesstoß kommt von außen.
Zunächst überrollen die Truppen Alexanders des Großen in einem bis dahin nicht gekannten Siegeszug die Länder des Orients. Im Jahr 332 v.Chr. betritt Alexander der Große Jerusalem.
Eine grundlegende Veränderung tritt ein. Der Orient wird griechisch. Vordergründig war das nur eine Sache der Sprache. Griechisch wurde zur Umgangssprache in der damals bekannten Welt.
Doch die Veränderung reicht viel tiefer. Wer mit der Zeit gehen und modern sein will, bedient sich nicht nur der Sprache der neuen Herrscher. Deren Lebensstil, deren Kultur und Philosophie üben eine große Anziehungskraft auf die Menschen der damaligen Zeit aus. Aus ehemaligen Feinden werden die Griechen zu einem großen Vorbild für ein neues Lebensgefühl.

Der Feind für den Gottesstaat ist die Attraktivität des griechischen Lebensstils. Wer Schulbildung hat, fühlt sich von der griechischen Philosophie, Literatur und Kunst angezogen. Herodot, den man als Vater der Geschichtsschreibung bezeichnet, ist Grieche.

Eine freie, auch in religiöser Hinsicht liberale Lebenseinstellung wird chic. Die Enge der kasuistischen mosaischen Gesetzesregeln wird von einem Teil der Bevölkerung als antiquiert empfunden.
Diese Einstellung ist es, die den Gottesstaat bedroht.

Es kommt zu einer Polarisierung der Gesellschaft. Die einen eifern für den abrahamitischen Gottesstaat, die anderen passen sich dem internationalen Lebensstil des Hellenismus an. Die Gesellschaft wird gespalten. Der eine Teil übernimmt den neuen Zeitgeist, der andere Teil verharrt im Alt-hergebrachten.

Die aramäische Umgangssprache ist bereits vom Griechisch verdrängt worden. Die alttestamentlichen Schriften werden ins Griechische übersetzt.

Der Todesstoß erfolgt durch die Römer

Kaiser Nero schickt seinen Feldherrn Flavius Vespasian im Jahr 66 n.Chr. nach Syrien. Jerusalem ist schon eingekreist, als die Meldung vom Tod des Kaisers in Rom die Waffen zum Schweigen bringt. Anstatt in Palästina Krieg zu führen, will Vespasian auf den Kaiserthron kommen. Er lässt sich in Ägypten zum römischen Kaiser ausrufen. Die Fortführung des judäischen Krieges überträgt er seinem Sohn Titus. Er selbst begibt sich nach Rom, um die politischen Dinge zu ordnen und die Machtverhältnisse zu klären.

Im Frühjahr 70 n. Chr. eröffnet Titus den Angriff auf Jerusalem. Der Tempel geht in Flammen auf und die Stadt wird gründlich zerstört. Der Titusbogen in Rom zeugt bis heute von diesem historischen Sieg.

ROM Titusbogen

Mit der letzten lang andauernden Eroberung der Festung Masada am Toten Meer endet die Kriegsberichterstattung des Josephus.

Unter Kaiser Hadrian wird auf der Trümmerstätte von Jerusalem eine neue römische Stadt errichtet. Sie bekommt den Namen Aelia Capitolina. Der Name Jerusalem wird ausgelöscht. Den Juden wird bei Todesstrafe das Betreten des ehemaligen Jerusalem verboten.

Hier endet die Abrahamitische Religion. Das beginnende Judentum und das Christentum gehen unterschiedliche Wege. Beiden gemeinsam ist eine religiöse Intensität nach der Zerstörung Jerusalems im Jahre 70 n.Chr.

Das Judentum

Die Entstehung der jüdischen Religion

Mit dem Ende der abrahamitischen Religion im Jahr 70 n.Chr. beginnt die Entwicklung der jüdischen Religion. Im Jahr 135 n.Chr. hat man festgelegt, welche Schriften das heilige Buch der Juden bilden. Diese Bücher aus der Zeit des ersten Gottesstaates bilden den *Tanach*. Was darin steht, darf nicht mehr verändert werden.

Doch wie so oft stellt sich die Tradition als etwas Hinderliches heraus. Neue Priester müssen neue Gesetze und Verordnungen erlassen können. Hier beginnt der Umbruch der Tradition, die das Judentum mit *Mischna* bezeichnet. Es ist das hebräische Wort für „Wiederholung."

Hatte nicht einst Gott zu unseren Vorfahren geredet? Dieser Kontakt mit Gott auf dem Berg Sinai bestand nicht nur aus der Übergabe von Gesetzestafeln. Gott hatte auch zu Moses geredet. Was im heiligen Buch des Tanach fest verankert ist, das ist nur die eine Seite, die schriftliche Tora.

Moses hat aber noch eine mündliche Tora von Gott erhalten. Und diese wurde von einer Priestergeneration zur nächsten

weitergegeben.
Diese mündliche Überlieferung wird jetzt in den Vordergrund
gerückt. Das ist die „Mischna". Die Weisungen Gottes werden
aktualisiert. Der Lehrer trägt vor, der Schüler spricht es laut nach. Er
wiederholt es, Mischna.

Mit der Mischna entsteht das Judentum

Mit dem Beginn der Mischna erreicht die ehemalige Abrahamitische
Religion eine neue Qualität. Wir müssen von nun an von der
jüdischen Religion sprechen. Gottes Wort kennt zwei Wege, die in
der Schriftform im Tanach (Altes Testament) und mündlich in der
Mischna, dem priesterlichen Wort, existieren.

Die Mischna reglementiert die jüdische Religion. Sie ist nicht auf
Eindeutigkeit festgelegt, sondern stellt bewusst verschiedene
Meinungen nebeneinander. Hier soll gerade Spielraum für
Deutungen, Interpretationen und Anweisungen bleiben. Das schafft
Freiheit für göttlich-priesterliches Wort.

Die jüdisch-theologische Entwicklung vollzog sich in zwei
geografisch getrennten Regionen: Babylon und Jehuda. Das
babylonische Judentum war sehr aktiv in der Ausgestaltung der
Religion. Die babylonischen Juden lebten unter anderen
Bedingungen, als die jüdische Gemeinde in der Provinz Jehuda.
Letztere bezeichnet das Judentum als 'Eretz Jisrael' (Land Israel). In
Palästina gab es eine andere Mischna als in Babylon. Die Mischna
wurde wiederum aufgeschrieben. Das ist der *Talmud*. Im Jahr 220
n.Chr. einigte man sich auf eine endgültige Fassung. Der Talmud
zeigt auf, wie göttliches Gesetz im Alltag anzuwenden ist.

Definition 'Judentum'

Bei der Abgrenzung des Judentums gegenüber dem Christentum folgen wir dem jüdischen Wissenschaftler Micha Brumlik:

„Das Judentum und das ist das rabbinische Judentum, so wie wir es heute kennen, ist nicht die Religion Abrahams, ist auch nicht die Religion der alten Israeliten oder der Judäer, wie es in der Bibel bezeugt wird, sondern die Religion der talmudischen Weisen, die zwischen dem zweiten und vierten Jahrhundert christlicher Zeitrechnung entstanden ist."[24]

Im weiteren führt Brumlik aus, Judentum und Christentum sind nicht wie Mutter und Tochter, sondern wie Geschwister zu sehen, die etwa zeitgleich entstanden sind, sich jedoch getrennt haben.

Das gemeinsame heilige Buch (Tanach-Altes Testament) wird im Judentum und Christentum unterschiedlich verstanden und interpretiert.

Die Theologie des Judentums

Die Aufzeichnung der Mischna ist in 6 Sachgebiete gegliedert.

- Sera'im („Aussaat"): Abgaben an die Priester, soziale Bedürftigkeit, Umgang mit Fremden
- Mo'ed („Festzeiten"): Religiöse Feste und das Fasten
- Naschim („Frauen"): Das Familienrecht
- Nesikin („Schäden"): Das Strafrecht
- Kodaschim („Heiligtümer"): Die Speisevorschriften und Opferriten
- Tohorot („Reinigungen"): Die Reinheitsvorschriften

Aus den Themenkreisen ist ersichtlich: Hier wird das gesamte

---

24   Micha Brumlik, Die Zukunft der Muslime in Deutschland, S.37

gesellschaftliche Leben unter religiösen Gesichtspunkten geregelt und priesterlich dominiert.

Es ist die Fortführung der alten Idee vom Gottesstaat. Eine Unterscheidung zwischen Religion und allgemein-öffentlichem Leben ist dem Judentum fremd. Es gibt keine Kirchenbehörde. Kirche und Staat bilden eine Einheit. Das gesamte Leben ist unter religiösem Gesichtspunkt zu sehen. Doch die Religion ist dezentral geworden. Jede Gemeinde regelt ihr religiöses Leben selbstständig.

Es ist umstritten, in wieweit das Judentum eine übergreifende Glaubenslehre braucht. Der berühmte jüdische Gesetzeslehrer des Mittelalters, der in Cordoba geborene Maimonides, hatte eine solche Dogmenlehre des jüdischen Glaubens geschrieben. Doch hat die Geschichte des Judentums gezeigt, dass eine solche akademische Glaubenslehre nicht gebraucht wird.

Der jüdische Glaube wird in der kleinsten Zelle gelebt. Die Familie ist die Keimzelle der jüdischen Tradition. Der jüdische Lebensstil wird von Generation zu Generation weitergegeben. Jüdischer Glaube ist jüdisches Leben. Es realisiert sich im Feiern der jüdischen Feste und der Einhaltung von koscheren Speisevorschriften.

Das Judentum zerstreut sich weltweit

Die judäische Bevölkerung wandert in die Länder des Mittelmeerraums aus. Ein großer Teil ist dem alten Seeweg der Phönizier nach Andalusien gefolgt. Hier wird die große Bevölkerung der Juden später mit dem Christentum der Goten und den muslimischen Eroberern zusammentreffen.

In einem fremden Land muss Religion auf den Gedanken des Gottesstaates verzichten. Jüdische Religion muss in fremden Ländern unter einem fremden Staat leben oder sie wird untergehen.

Dieser Spagat gelingt dem Judentum. Auch ohne staatliches Zusammenleben pflanzt sich die jüdische Religion fort. Religiöse Zellen entstehen in allen Ländern, in die Juden auswandern.

Die Verlagerung des jüdischen Glaubens in die individuelle Ebene der Familie garantiert den Fortbestand des Glaubens und führt zu einer weltweiten Verbreitung des Judentums.

Der jüdische Kalender

Der jüdische Kalender orientiert sich am Mond. Das hat man aus Babylonien mitgebracht und beibehalten. Mit dem Neumond beginnt ein neuer Monat. Er stellt einen Geburtsvorgang dar. Die Monatslänge wechselt sich ab zwischen 29 und 30 Tagen. Das Jahr mit 12 Mondmonaten hat allerdings nur 354 Tage. Um den Mond-Kalender an das Sonnenjahr (365 Tage) anzu-passen, legt man ein Schaltjahr mit einem 13. Mondmonat ein. Auch die Monatsnamen stammen aus der babylonischen Zeit. Das jüdische Jahr beginnt im Herbst mit dem Monat Tischri, dem babylonischen Wort für 'Anfang'. Die Feste sind stets mehrtägig mit Ausnahme des Versöhnungsfestes 10 Tage nach Neujahr. Weil dieses Fest strenges Fasten verlangt, kann man es nicht über 24 Stunden hinaus ausdehnen.

Aufgrund der Unterschiedlichkeit von Mond- und Sonnenkalender verschieben sich die jüdischen Feste im Vergleich zu unserem julianischen Kalender.

Die einzelnen Feste

Der jüdische Glaube erlebt sich neben seinen exklusiven Speise-Vorschriften vor allem im Feiern seiner Feste. Diese bilden wesentliche Inhalte der mythischen Tanach-Geschichte ab.

- Das **Neujahrsfest/ Rosch ha-Schanna** wird im Sept./Oktober für 2 Tage gefeiert. Mit dem Beginn eines neuen Jahres wird an den Beginn der Welt erinnert.

- **Jom Kippur/ Versöhnungsfest** wird 10 Tage nach Neujahr gefeiert. Ein ganztägiger Gottesdienst und strenges Fasten prägen den Tag. Der Name ist der Öffentlichkeit durch den Jom-Kippur-Krieg vertraut.

- Das bedeutende **Passahfest** erinnert an die Flucht aus Ägypten. Eine Woche lang wird Brot gegessen, das ohne gesäuerten Teig gebacken werden muss.

- **Schawuot** wird 50 Tage nach dem Passahfest gefeiert, das Fest aus Anlass der Übergabe der Tora, des Gesetzes. Der Struktur nach ist es eher ein theologisches Fest. Im Gottesdienst werden die 10 Gebote verlesen. Die Tora wird bis in die Nacht hinein gelesen. Im Christentum wird an diesem Tag Pfingsten gefeiert.

- Das **Laubhüttenfest/Sukkot** erinnert an die Wanderung durch die Wüste unter Mose mit 40 Jahren Dauer. Das Fest dauert eine Woche. In dieser Zeit ruht die Arbeit. Gläubige Juden schlafen 1 Woche lang unter freiem Himmel. Es ist dem Erntedankfest vergleichbar.

–   Das **Purimfest** erinnert an eine Begebenheit aus dem babylonischen Exil. Der persische König nimmt die jüdische Schönheit Esther zur Frau. Als Königin erfährt sie, dass der Minister Hamam die Vernichtung aller Juden plant. Über Auslosung (Los=Persisch PUR) soll der Tag   für   das   Pogrom ausgewählt werden. Esther gelingt es,   den   König   umzustimmen. Statt der Juden wird Hamam   hingerichtet.   Purim   ist   ein lautstarkes Fest.

An diesem jüdischen Feiertag wird in der Synagoge das Buch Esther vorgelesen. Jedes mal wenn der Name Hamam im Text erscheint, macht die Gemeinde tumultartigen Krach. Es ist ein Fest mit Tanz und Vergnügen. Alkohol ist Pflicht.

–   Das Fest **Tischa Be-Aw** ist einTrauer- und Fastentag. Es erinnert an die zweimalige Zerstörung des Tempels im Jahr 587 v.Chr. durch die Babylonier und 70 n.Chr. durch   die Römer.

–   Das **Chanukkafest/Lichterfest** ist ein Tempelfest und wird 9 Tage lang gefeiert. An jedem Tag wird 1 Kerze an dem 9-armigen Leuchter angezündet, ähnlich wie die Kerzen des Adventskranzes am Adventssonntag bei den Christen. Die Juden feiern kein Weihnachten!

Hinzu kommen Feste jüngeren Datums, die speziell im Staat Israel gefeiert werden.

–   **Jom ha-Schoa/ Holocaust** ist ein Feiertag Israels, der im April/Mai begangen wird. Er erinnert an die Ermordung von 6 Millionen Juden. Für zwei Minuten ruht an diesem Tag der Verkehr und das Land verharrt in stiller Trauer.

Das Christentum

Die Herausbildung des Christentums

Als Jesus von Nazareth die Weltbühne betritt, gibt es noch kein Judentum. Jesus Geburt fällt in die religionsgeschichtliche Epoche der abrahamitischen Religion.

Eine Lebensbeschreibung dieses Jesus von Nazareth kann nicht an erster Stelle stehen. Das haben die Schreiber des Neuen Testaments auch erst später getan.

Johannes der Täufer und Jesus

Am Beginn des Christentums sind zwei Namen zu nennen: Johannes der Täufer und Jesus von Nazareth. Beide sind Wanderprediger, die Jünger um sich gesammelt haben und eine nicht unbeträchtliche Schar von Anhängern haben. Jesus predigt im Gebiet des kleinen Fischerdorfes Kafernaum am Nordostufer des Sees Genezareth. Gleich hinter diesem Gebiet endet das Königreich des Herodes. Es ist Grenzgebiet. Wenige Kilometer nordöstlich von hier mündet der Jordan in den See Genezareth.

Von hier Strom aufwärts hat Johannes gewirkt. Er hat getauft. Den Ursprung dieses religiösen Brauchs kennen wir nicht.

Eine Erklärung für dieses kultische Handeln könnte die Vorstellung sein, dass Johannes dem Getauften quasi eine Schutzhülle anzieht. Sie könnte vor dem Feuer der ewigen Verdammnis schützen. Das erinnert an die Rettung der gläubigen Juden im Feuerofen des

Nebukadnezar, denen Feuer nichts anhaben konnte.[25] Doch das ist nur eine Interpretation.

Der Ursprung der **Taufe** liegt im Dunkel der Geschichte.

Das Lehren dieser beiden Prediger Johannes und Jesus spielt sich an der Peripherie des Jerusalemer Gottesstaates ab. Das Jahr ihres Wirkens ist nicht sicher zu ermitteln, da wir erst aus den späteren Zeugnissen der urchristlichen Überlieferung etwas davon wissen. Man datiert es um das Jahr 35 n.Chr. herum.

Das Nebeneinander der beiden geistbegabten Wanderprediger Jesus und Johannes der Täufer lässt historisch gesehen viele Fragen offen. Die beiden Männer sind vom gleichen Engel gezeugt und somit verwandt. Sind sie Freunde oder Rivalen? Der eine ein Schüler des anderen?

Der biblische Berichterstatter hat den Anfang und das Ende dieser beiden Männer von der übernatürlichen Zeugung bis zu einem grauenvollen Tod in einem engen Zusammenhang gesehen. Jünger hatten beide um sich geschart. Doch wie eng war der Kontakt der beiden Gruppen?

Zwei von den Jesusjüngern gehörten vormals zu den Jüngern des Johannes.[26] Der Täufer wird im Kerker des Königs Herodes enthauptet, als Lohn für den Tanz einer Prinzessin, so erzählt es die Legende. Die Jünger des Johannes melden dieses Ereignis Jesus. Wir erfahren von keiner Reaktion seitens Jesus.

Die Täuferbewegung hat zu einer eigenen Religion geführt, die sich im ersten Jahrhundert vom Ostjordanland aus über Syrien bis nach Mesopotamien ausgebreitet hat. 'Elkesaiten' wurde diese Gemeinschaft genannt, später 'Mandäer'. In ihrer Lehre mischen sich jüdische und christliche Elemente. Besonders pflegen sie die Taufe

---

25 Buch Daniel im Alten Testament
26 Evangelium des Johannes 1, 29-34

als ein immer zu wiederholendes Reinigungsbad. Ihre Sprache war ein arabischer Dialekt. Und weil „sba" im Arabischen taufen heißt, nennt der Koran sie Sabäer, Sabier.

Jesus wird in ihrer Religion als falscher Prophet bezeichnet.

Johannes und Jesus suchen nach Alternativen zu dem religiösen Machtanspruch der Jerusalemer Tempelführer. Beide lehnen den vorgefundenen Gottesstaat ab.

Jesus spricht von einem Königreich Gottes. Ein Konflikt mit den Herrschern in Jerusalem bricht erst zu dem Zeitpunkt auf, als Jesus selbst in Jerusalem auftritt. Anfänglich können die Herrschenden in diesem aus Galiläa dahergekommenen Nazarener keine Bedrohung sehen. Sie sehen in ihm nicht den verheißenen Messias.

Der wird als neuer König erwartet, der das Joch der römischen Fremdherrschaft abschütteln soll. Das jedenfalls ist der Inhalt einer alten prophetischen Erwartung an einen zweiten König David. Dass Jesus Gottes Sohn sein will, interessiert die Tempelherrn in Jerusalem nicht.

Das erste Auftreten von Jesus im Jerusalemer Tempel gleicht einer Randale. Seine Behauptung, Gottes Sohn zu sein, ist Gotteslästerung. Es kommt zur Anklage. Die Hüter des Jerusalemer Gottesstaates stellen ihn vor das Synhedrin, das oberste Gericht, unter dem Vorsitz des Hohepriesters, auch Hoher Rat genannt. Die Tatsache, dass Jesus sich hier als Messias ausgab, genügte den gefährlichen Gotteslästerer zum Tode zu verurteilen.

Doch konnte der Hohe Rat dieses Urteil nicht vollstrecken. Das Recht zum Töten stand allein dem römischen Prokurator zu. Der hieß Pontius Pilatus (26-36 n.Chr.) Obwohl den Römer der Religionsstreit der Judäer wenig interessierte, ließ er den Nazarener auf Druck der Straße hin durch römische Soldaten kreuzigen. Das war eine qualvolle, und zur damaligen Zeit nicht selten praktizierte

Hinrichtungsart. Das Kreuz wurde mit der Aufschrift versehen: Jesus Nazareth Rex Judorum (König der Juden). Damit sollte die Sache erledigt sein. Doch es kam anders.

Das Anwachsen der Jesus-Bewegung

Die Anhängerschaft Jesus in Jerusalem wuchs trotz Verfolgung. Josephus, der jüdische Geschichtsschreiber, berichtet z.b. von der Steinigung eines Jakobus, die Apostelgeschichte von der Steinigung eines Stephanus. Am spektakulärsten war der Sinneswandel des griechisch gebildeten Saulus. Sein Auftrag war es, die Christen zu verfolgen. Jedoch wechselte er die Seite. Mit neuem Namen, als Paulus, wurde er zum größten Wegbereiter des christlichen Glaubens.[27]

Lukas berichtet in seiner 'Apostelgeschichte' vom Werden der urchristlichen Gemeinde in Jerusalem. Mit der Pfingstpredigt des Petrus beginnt die christliche Kirche. Die Botschaft Jesus weist über die im Gottesstaat lebenden Menschen und damit über die jüdische Religion hinaus: Sie gilt allen Menschen.

Das trennt künftig die Gläubigen in zwei Lager. Die einen beziehen ihre Frömmigkeit aus den jüdischen Regeln (wie Beschneidung, Speisevorschriften, Feiertage) und bekennen sich zusätzlich zu Jesus Christus.

Die anderen Nicht-juden sind Getaufte, die sich ohne den Ballast jüdischer Vorschriften zu Jesus Christus bekennen. Ihnen gegenüber verlangen die Judenchristen die Einhaltung der Religionsmerkmale: Ihr könnt nicht Gläubige sein, wenn ihr nicht das Gesetz Moses befolgt.

Zwangsläufig entsteht eine Kluft zwischen diesen beiden Gruppen, die in der theologischen Terminologie als 'Judenchristen' und

---

27 Gestorben nach 60 n.Chr. in Rom

'Heidenchristen' bezeichnet werden. Der Dissens muss ausgeräumt werden. Dazu findet eine erste Kirchenversammlung im Jahr 48 n.Chr. in dem noch nicht zerstörten Jerusalem statt.

Das Urchristentum

Es kommt zu einer wichtigen Entscheidung, die für die künftige Ausbreitung des Christentums als eine weltweite Kirche zukunftsweisend sein wird. Sie lautet:
Mit den mosaischen Gesetzesregeln kann es jeder halten wie er will. Diese sollen künftig kein Kriterium für den Glauben an Jesus Christus sein.
Damit war der Weg frei für die weitere Ausbreitung des Christentums. Es sollte ein Siegeszug durch das ganze römische Reich werden. Nach dem Jerusalemer Konzil starten Paulus, Barnabas, Timotheus u.a. zur Verkündigung der Botschaft von Jesus Christus zu ihren Missionsreisen.

Zum Zeitpunkt der römischen Belagerung von Jerusalem hat die kleine urchristliche Gemeinde das Zentrum des Gottesstaates verlassen. Sie ist auf die sichere Ostseite des Jordans in die Stadt Pella umgezogen. Der Ort liegt etwa in der Mitte zwischen dem See Genezareth und dem Toten Meer. Bei Ausgrabungen wurde die älteste christliche Kirche in Pella freigelegt.

Die Evangelien

Das Ende des Jerusalemer Gottesstaates mit der Zerstörung des Tempels im Jahr 70 n.Chr. verändert nicht nur das Judentum, sondern auch das junge Christentum.
Die Christusanhänger verlangen mehr aus dem Leben ihres Herrn

zu erfahren. Man beginnt die Botschaft von und über Jesus Christus aufzuschreiben. Mehrere Biografen machen sich ans Werk. Evangelisten werden sie im Neuen Testament genannt.

Als ältestes Evangelium gilt das des **Markus**, das schon kurz nach der Zerstörung Jerusalems geschrieben wird. Weitere zehn bis zwanzig Jahre später schreiben Matthäus und Lukas ihre Biografie. Der Evangelist Johannes wird in das Jahr 130 n.Chr. datiert. Zu dieser Zeit haben sich das Judentum und das Christentum bereits als eigenständige Glaubensgemeinschaften differenziert. Das Evangelium des Johannes berichtet über Streitgespräche zwischen Jesus und den Juden.

Lukas weist zu Beginn seines Bericht darauf hin, dass er Zeitzeugen befragt hat, die den Nazarener noch gekannt haben.

Einige Teile der Evangelien, besonders die ersten drei, berichten mit teilweise gleichem Wortlaut. Das lässt darauf schließen, dass ihnen eine schriftliche Aufzeichnung von Jesus Reden als Vorlage zur Verfügung gestanden hat. Diese angenommene Vorlage bezeichnen die Bibelwissenschaftler als Spruchquelle 'Q'.

Gefunden hat man diese Vorlage bisher nicht, sodass diese Quelle bis auf weiteres eine literarische Hypothese bleibt.

Für den Verfasser eines Evangeliums muss es eine mühevolle Aufgabe gewesen sein, den Verlauf des Lebens Jesus zu rekonstruieren. Denn Jesus Tod lag schon Jahrzehnte zurück.

Der Bericht wird mit tradierten Erzählungen angereichert. So ranken sich Legenden um Jesus Geburt.

Der Leser einer Biografie möchte etwas über die Geburt und die Herkunft des Herrn wissen.

Am ausführlichsten erzählt *Lukas* die Vorgeschichte der Geburt.

Er greift die Engelsvorstellung seiner Zeit auf. Ein Engel erscheint im Haus des Priesters, dem Vater von Johannes dem Täufer. Der Engel kündigt die Geburt eines Sohnes an, obwohl die Mutter Elisabeth keine Kinder bekommen kann.

Die Geschichte von Abrahams Ehefrau Sara, die durch einen Engel schwanger wurde, wird hier aus dem Alten Testament kopiert. Das ist eine gute Legitimierung für göttlichen Ursprung.
Ein halbes Jahr später erscheint der gleiche Engel Gabriel bei dem jungen Mädchen Maria. Auch sie wird schwanger und wird Mutter von Jesus.
Wem die Vorstellung einer überirdischen Zeugung verbunden mit sexueller Unberührtheit der Maria zu suspekt ist, der kann sich der Erzählung des vierten Evangelisten Johannes anschließen.

Der Evangelist *Johannes* lässt eine Geburtsgeschichte ganz unter den Tisch fallen. Das Thema der Zeugung durch einen Engel ist ihm zu heikel. Für Johannes ist Jesus erst im Erwachsenenalter zum Sohn Gottes geworden, und nicht von Geburt an.
Als Johannes Jesus im Jordan tauft, tut sich der Himmel auf, und eine Stimme spricht 'dies ist mein Sohn'. Erst durch die Taufe wird Jesus von Nazareth zum Sohn Gottes, nicht vorher, nicht durch eine angenommene überirdische Zeugung.
Und ein neues Symbol taucht bei dem Evangelisten Johannes auf. Der Geist Gottes kommt nicht als Engel, sondern in Gestalt einer Taube. Es bleibt viel Spielraum zur Interpretation der Symbolsprache im Evangelium des Johannes.

Jesus Geburtsort

Wurde Jesus nun in Bethlehem oder in Nazareth geboren?
Das weiß niemand genau. So etwas kennt man auch von anderen großen Persönlichkeiten, bei denen sich mehrere Orte um den Geburtsort streiten.
Der Evangelist **Matthäus** schreibt für diejenigen Christen, die früher jüdischen Glaubens waren. Ihnen kann er nichts von einer Geburt in

Nazareth erzählen. Der Messias muss in Bethlehem geboren sein, denn diese Ankündigung steht so im Alten Testament. Matthäus entwickelt gleich noch einen Stammbaum, der von Abraham über König David bis zu Jesus lückenlos die männliche Abstammung auflistet. Wer im jüdischen Glauben geboren ist, braucht einen Nachweis seiner Abstammung. Matthäus verbindet die Geschichte von Jesus Geburt mit einer grausamen Story. Dem König Herodes wird von Sternendeutern die Geburt eines neuen Königs in Bethlehem gemeldet. Daraufhin gibt Herodes kurzerhand den Befehl, alle Neugeborenen in Bethlehem zu töten. Genützt hat es nichts. Auf Weisung eines Engels kann die heilige Familie gerade noch rechtzeitig bei Nacht nach Ägypten fliehen. Mit solchen spannenden Dingen will Matthäus seine Leser von göttlichem Wirken überzeugen. Wie ein Moses im Alten Testament vor dem Kindermörder Pharao gerettet wurde, so erlebt das Jesuskind eine wunderbare Rettung vor der Mordabsicht des blutrünstigen Herodes. Die andern Berichterstatter des Neuen Testaments wissen von diesen Begebenheiten im Zusammenhang mit der Geburt Jesus rein gar nichts.

In einem Lebensbericht liest man gern eine Erzählung aus der Kindheit. Es wäre auch heute keine leichte Aufgabe für einen Biografen, ein halbes Jahrhundert nach dem Ableben eines Menschen Material aus der Kindheit zusammenzutragen. Am liebsten würde er ein Foto seines kindlichen Protagonisten zur Einschulung mit der Zuckertüte in der Hand auffinden. Als einziger erfüllt Lukas solches Interesse des Lesers an einer Begebenheit aus der Schulzeit. Die Rahmenhandlung ist eine Pilgerreise der Eltern Jesus zum Pessachfest nach Jerusalem.

Jesus war als Zwölfjähriger drei Tage lang im Tempel bei den Gesetzeslehrern. Sein Wissen und seine klugen Fragen riefen Erstaunen bei den Schriftgelehrten hervor, so liest man. Es geht hier um Unterweisung in der jüdischen Religion. Diese Erzählung kennt nur Lukas. Woher mag er sie haben?

Jesus Geburt im Koran

Mit einem zeitlichen Abstand von einem halben Jahrtausend ist die Erzählung von der Geburt des Gottessohnes der Christen in das heilige Buch des Islam gekommen. Statt einer Umgebung der Hirten von Bethlehem spielt die Geschichte in der Landschaft der arabischen Halbinsel. Die junge Frau Maria zieht sich zur Geburt ihres unehelichen Kindes in die Einsamkeit zurück. Sie ist allein. Sie weiß nicht wie ihr geschieht. Ihr Kind ist ohne die Beteiligung eines Mannes gezeugt worden.

In ihrer misslichen Lage erfährt sie Trost von dem Neugeborenen selbst. Dieses kann sprechen. Es sagt zu ihr: 'sei nicht traurig, schüttele die Palme, iss frische Datteln und tröste dich damit.' [28] Nach dem Verständnis des Islam hat Maria einen Propheten geboren, nicht den Sohn Gottes.

Reden – Vergleiche - Wunder

Die Evangelisten reichern ihren Bericht über das Leben Jesus an, indem sie **Reden** von Jesus einweben. Gespräche, die Jesus mit den unterschiedlichsten Menschen, geführt hat, geben ein Bild von seiner Botschaft. Unter den Reden nimmt die sogenannte 'Bergpredigt'[29] eine besondere Stellung ein, die man als Kernpunkt der Andersartigkeit der christlichen Botschaft bezeichnet.

Eine andere literarische Gattung für die Überlieferung der Botschaft

---

28 Der Koran, Sure 19
29 Matthäus Kapitel 5-7

des Jesus ist das **Gleichnis**. Dessen Charakteristikum ist ein tiefer liegender Sinn, der hinter einem erzählten Bild steht.
Wir bezeichnen diese literarische Gattung als eine Allegorie.
Zu einem alltäglichen Ereignis wird ein Vergleich gezogen.
Die Bildersprache ist geeignet für Interpretationen. Das Erzählte lässt sich unterschiedlich deuten. Ein Gleichnis eignet sich bis heute als Vorlage für eine Predigt. Aktualität lässt sich in andersartiger Zeit herstellen. Gleichnisse waren und sind Vorlagen für ungezählte Erzählungen und Predigten.

Weiterhin füllen die Evangelisten das Leben von Jesus mit Erzählungen über **Wunder** an.
Es ist für das Religionsverständnis der damaligen Zeit unerlässlich, die überirdische Qualität des Gottessohnes mit übernatürlichen Fähigkeiten zu belegen. Wenn Gott die Gesetzlichkeit der Natur geschaffen hat, dann ist er auch in der Lage, diese für sich selbst außer Kraft zu setzen – so jedenfalls ist die Vorstellung, die dahinter steht.
Wer ein Wunder vollbringen kann, legitimiert sich durch eine solche Tat, - über die man sich nur wundern kann - als von göttlicher Natur.
Mit solcher Art Erzählung soll belegt werden, dass Jesus der Sohn Gottes ist, der die Welt erschaffen hat.
Wichtig: Ein Wunder darf nicht wiederholbar sein. Es handelt sich um eine Fähigkeit, die kein anderer hat. In dieser Weise ist derjenige, der ein Wunder vollbringen kann, einfach überirdisch. Es besteht kein Zweifel an seiner Göttlichkeit.

Eine Erklärung auf eine etwaige Frage „Wie kann denn so etwas sein?" verbietet sich bei einem Wunder von vornherein. Bei solcher Frage trifft naturwissenschaftlich geprägtes Verständnis heutiger Zeit auf eine religiöse Vorstellung vergangener Zeit. Auch das

Prädikat 'unwahr' für eine Wunderheilung ist wenig hilfreich. Denn hierbei geht es um etwas Subjektives.

Eine persönliche Dynamik entfaltet sich zur Gestaltung der Zukunft und überwindet Einschränkungen. Der Vorgang ist als persönlich einmalig gedacht und kann nicht als übertragbare Therapiemethode für bestimmte Krankheiten angesehen werden. Bei Wundern handelt es sich um einen subjektiven Neuanfang.

Im Eifer des Sammelns von **Erzählungen,** die sich im Leben Jesus zugetragen haben, ist dem Evangelisten Lukas auch eine Story untergekommen, die wohl noch aus einem 500 Jahre älteren Rucksack[30] aus der Zeit der abrahamitischen Wanderung aus Babylon stammt.

Es geht um die Erzählung von einem reichen Mann und dem armen Lazarus, der vor jenes Haustür um Speisereste bettelt.

Die hinter dieser Erzählung liegende Vorstellung ist die, dass nach dem Tod jeder den Lohn für sein Leben bekommt.

Der böse Reiche kommt in das Reich der Unterwelt. Dort muss er Hitzequalen erleiden. Das Feuer spielt in der Religion des Zarathustra eine große Rolle.

Den armen Lazarus jedoch tragen Engel zu ihrem Himmelsherrn Abraham. Dort geht es ihm himmlisch. Beider Aufenthaltsort wird als direkte Folge des irdischen Lebens betrachtet.[31]

Der Evangelist Lukas korrigiert nicht, dass ihm hiermit ein Stück zoroastrischer Religiosität zugespielt wurde, ein Relikt aus der Zeit des babylonischen Exils.

---

30 Jochen Rabast, Engel im Gepäck. Spuren zum Alten Testament
                                   2009, ISBN 9783837205626
   'Wie Engel in die Bibel kamen'   2017, ISBN 9783743180505
31 Lukas 16, 19-31

Ein Vergleich der vier Berichte über das Leben Jesus zeigt viele Ungereimtheiten. Das ist nichts Ungewöhnliches in Dokumenten der Vergangenheit. Die Evangelien wollen keine akribische historische Rekonstruktion sein. Sie sind ein literarisches und subjektives Werk ihrer Verfasser.

Unterschiedliche Erzählungen jedenfalls haben die Ausbreitung des Christentums im römischen Weltreich nicht gestört.

Lessing übt Kritik an den Evangelien

Über Jahrhunderte hinweg wurde der christliche Glaube an Menschen weiter gegeben, die nicht schreiben und lesen konnten. Eine kritische Betrachtung kam erst in der Neuzeit auf. Gotthold Ephraim Lessing wies 1778 darauf hin, dass die Geschichten von Tod und Auferstehung Jesus viele Widersprüche aufweisen.

Das Erzählte ist widersprüchlich. Ein Beispiel für eine Ungereimtheit: Der Auferstandene fordert die Jünger auf, nach Galiläa zu gehen. Dort werden sie ihn sehen, so schreibt Matthäus.[32] Bei Lukas hingegen sollen die Jünger in Jerusalem auf ein Wiedersehen warten.

Lessing empfiehlt, den Widerspruch so stehen zu lassen, wie er ist. Es ist 'ehrwürdiger Purpur' von mehreren Evangelisten. 'Das Christentum war da, ehe Evangelisten und Apostel geschrieben hatten, es verlief eine geraume Zeit, ehe der erste von ihnen schrieb'.[33] Ungereimtheiten in der Berichterstattung über das Leben Jesus erklären sich aus der Zeit der Niederschrift.

Die Verbreitung der Botschaft Jesus

Paulus reist ab dem Jahr 48 n.Chr. in das Gebiet der heutigen Länder Griechenland und Türkei. Dort verbreitet er das Evangelium von Jesus Christus. Menschen werden als Zeichen der Zugehörigkeit

---

32 Matthäus 28,10
33 Gotthold Ephraim Lessing, Axiomata 6

getauf, wie es Jesus selbst befohlen hat. In einem Brief an die Gemeinde in Rom schreibt Paulus: 'Durch die Taufe sind wir alle mit Jesus Christus verbunden'. Im ersten Brief an die Korinther formuliert er: 'Denn wir alle, Juden und Nichtjuden, Sklaven und Freie, sind in der Taufe durch denselben Geist zu einem Körper verbunden." Die Taufe war gängige Praxis in der Missionsarbeit, um 'Heiden' zu Christen zu machen.

Die Abrahamitische Religion und das Urchristentum

Das Urchristentum übernimmt den Anspruch, auserwähltes Volk Gottes zu sein, aus der abrahamitischen Religion. Die Anhänger Jesus Christi sind 'als sein Volk auserwählt'. 'Gott hat euch ausgewählt, sein Volk zu sein…jetzt seid ihr das Volk Gottes.' Die erste Christenheit versteht sich als das heilige Volk Gottes. Die Leitung liegt in den Händen der zwölf Jünger von Jesus. Man versammelt sich in Jerusalem. Die Mitglieder nennen sich 'die Heiligen', 'die Auserwählten','die Berufenen'. Der Gott der Abrahamitischen Religion ist ihr Gott. Es ist christlicher Anspruch, die Abrahamitische Religion fortzuführen, Das führt zu einem Konflikt mit der jüdischen Interpretation. In der Apostelgeschichte berichtet Lukas von massiven Feindlichkeiten. Als ein Stephanus von der Christengemeinde in einer öffentlichen Rede ausspricht, dass unser Gott der Gott Abrahams ist, wird er von den Juden getötet. Eine Steinigung war sein grausames Lebensende. Von der Rede des Stephanus fühlten sich die Mitgliedern des jüdischen Rats provoziert.

 Es kann kein Zweifel daran bestehen, dass das Urchristentum die Abrahamitische Religion ebenso übernommen hat wie das Judentum. Neu ist ein trinitarisches, dreifaches Gottesbild. Es besteht aus Gott Vater, Jesus Christus als Sohn Gottes, und heiligem Geist. Wenn die

Einzigartigkeit des abrahamitischen Gottes durch einen Sohn Gottes erweitert wird, gibt es einen fundamentalen Konflikt mit dem Judentum. So etwas ist in jüdischen Augen Gotteslästerung. Die Tötung des Stephanus war unausweichliche Folge. Da kannte man keine Toleranz. Der Mord kennzeichnet das frühe Spannungsverhältnis zwischen Juden und Christen.

Der dreifache Gott des Christentums
Die jüdische und die christliche Religion sind zu Gegnern geworden, weil sie nicht das gleiche Gottesbild haben. Die Abrahamitische Religion ist in unterschiedlicher Weise neu auferstanden.

Auf den Müll mit dem Alten Testament?
Das Judentum lehnt die christlichen Vorstellungen ab. An der Person Jesus scheiden sich die Geister. Für die Juden erscheint der Messias, der neue König David, erst in einer ferner Zukunft. Für die Christen ist der Messias in der Person des Jesus von Nazareth bereits gekommen. Die Einen lehnen den Glauben der Anderen ab. Die anfänglich kultische Gemeinschaft löst sich auf. Nun wird kontrovers diskutiert, welche Schriften für die Christen heilig sind?

Marcion
Hier nimmt *Marcion*, ein Mitglied der christlichen Gemeinde in Rom, eine sehr konsequente Haltung ein. Für ihn sind die Bücher des Alten Testaments das Gedankengut des Judentums. Für Christen sind die Schriften des Tanach Vergangenheit, einfach überholt, also weg damit. Auf Reisen durch das römische Reich propagiert er diesen seinen Standpunkt.
Die Bibel der Christen, die Marcion zusammenstellt, besteht aus zehn Briefen des Apostels Paulus und nur **einem** Evangelium. Er entschied sich für das Lukasevangelium. Mit nur einem Evangelium sind alle Ungereimtheiten in den Berichten über Jesus

Leben verschwunden. Marcion hat einen Sinn für eine „Vermarktung der christlichen Lehre", wie wir heute zu sagen pflegen. Es geht ihm um Klarheit und Verständlichkeit.

Marcion sieht in dem Gott des Alten Testaments den zürnenden Gott, der straft und vernichtet. Dieser Gott ist für das Leid und Unglück in der Welt verantwortlich.

Im Unterschied dazu ist Christus der Gott der Liebe. Er befreit die Menschen von der Herrschaft dieses Gesetzesgottes. Die Kirche von Jesus Christus bietet etwas völlig Neues.

Es gelingt Marcion allerdings nicht, seine Sicht zur Meinung des ganzen Christentums zu machen. In Kleinasien und vor allem in Palästina war die Zahl der Judenchristen weit stärker. Sie wollen auf die Vielfalt des Schriftgutes der abrahamitischen Religion nicht verzichten. Die Christenheit spaltet sich.

Die Kirche Marcions

Im Jahre 144 n.Chr. gründet Marcion eine eigene Kirche. Sehr schnell bilden sich marcionitische Gemeinden neben den bisherigen Christengemeinden. Besonders in Rom ist die marcionitische Bewegung fest verankert.

Die Verbreitung der ersten marcionitischen Bibel trägt viel zur Ausbreitung des Christentums im römischen Weltreich bei. Marcions Lehre bleibt organisatorisch und theologisch noch bis in das 6. Jahrhunderte bestehen. Dann schaltet das inzwischen erstarkte Papsttum diese Konkurrenzorganisation aus.

Die Schriften des Marcion sind nicht im Original erhalten.

Sie wurden wegen ihres ketzerischen Charakters vernichtet. Marcions 'Antithesen' sind nur in Zitaten und Ausführungen seiner Gegner überliefert. Da sind Fehldeutungen einprogrammiert und gewollt.

Die Arbeit des Marcion führte im Judentum wie im Christentum zu einer Präzisierung der eigenen Glaubensvorstellungen. Die Abgrenzung zum Judentum wird härter. Hier wie dort bemüht man sich festzulegen, welche Schriften im Sinne der eigenen Religion als 'heilig' einzustufen sind.

Dieser Auswahlprozess der inzwischen zahlreichen Schriften ist als „Kanonisierung" in die Geschichte eingegangen. Er sollte zwei Jahrhunderte lang dauern.

Die Schriften der Christen

Im Laufe der Zeit werden immer mehr Briefe und Bücher geschrieben, die sich als christlich verstehen. Da stellt sich zwangsläufig die Frage, was ist im Sinne des Glaubens als 'richtig-christlich', und was ist als Irrglaube, Häresie, Ketzerei einzustufen.

Wer hat den wahren, heiligen Geist? Wer trennt Richtiges vom Falschen? Was ist der wahre christliche Glaube? Wo wird eine abweichende Lehre gepredigt?

Es muss zu einer Festlegung von Schriften kommen, die als heilige Schriften gelten sollen. Eine solche Zusammenstellung bezeichnet man als 'Kanon'.

Das Neue Testament ist abgeschlossen

Die Auswahl von Schriften wird durch einen Brief zum Osterfest 367 n.Chr. amtlich festgelegt. Dieser Brief stammt aus der Feder von Athanasius, dem Bischof von Alexandria. In diesem Brief werden alle Bücher des Neuen Testaments als biblisch-kanonisch, d.h. abschließend aufgelistet.

Die Initiative kam aus der bedeutenden Stadt Alexandria in Ägypten. Hier wurden schon früher alle Schriften des Alten Testaments aus dem Hebräischen ins Griechische übersetzt.

Unter den Schriften des Neuen Testaments bleibt einzig die Zugehörigkeit der Offenbarung des Johannes umstritten. Dieses Buch mit der starken babylonischen Engelsprägung wurde erst spät als letztes Buch der Bibel hinzugefügt. Offenbar wurde der fremd-religiöse Anteil als störend empfunden.

Die Christenheit hat ihre Bibel - eine Zusammenstellung von Altem und Neuem Testament.

Die Juden legen ihre heiligen Schriften als 'Tanach' fest (identisch mit dem Altes Testament).

Der Glaube entwickelt eine Struktur

Die Historiker bezeichnen den Zeitraum von der Kreuzigung und Auferstehung Jesus bis etwa um das Jahr 135 n.Chr. als die Zeit der urchristlichen Gemeinde. Dem neutestamentlichen Befund nach fanden die Erscheinungen des Auferstandenen sowohl in Jerusalem als auch im nördlicher gelegenen Galiläa statt. Das legt den Schluss nahe, dass die beiden ersten christlichen Gemeinden sowohl in Kafarnaum am See Genezareth als auch in Jerusalem entstanden sind.

Von diesen beiden Zentren des 'Urchristentums' aus verbreitete sich die christlichen Botschaft.

Um das Jahr 100 n. Chr. war ein Bischof das Oberhaupt einer Lokalgemeinde. Der erste Timotheusbrief fordert, dass ein Bischof ein Mann mit untadeligem Lebenswandel sein muss.

Im Laufe des 2.Jahrhunderts wurde der Presbyter oder Diakon Vorsteher der Gemeinde und 'Bischof' ein überregionaler Titel. Aufgabe eines Bischofs war das Besuchen der Gemeinden. Hier liegen die Wurzeln für einen Verwaltungsbezirk, eines späteren Bistums.

Die Namen und Aufgaben von Ämtern sind bis heute in den

christlichen Kirchen unterschiedlich belegt. Die Ämter entwickeln sich zu einer Rangordnung. Der Erzbischof (Metropolit, Patriarch) ist den Bischöfen übergeordnet.
Die feierliche Einsetzung in ein Amt, die sogenannte Ordination, bildet sich heraus.

Der Beginn der Kirche

Mit dem Religionsedikt des Kaisers Konstantin im Jahr 313 n.Chr. wird das Christentum im gesamten Römischen Reich zunächst als gleichberechtigte Religion anerkannt. Im Jahr **380 n.Chr.** hat das Christentum einen Sieg erreicht: Kaiser Theodosius erklärt das Christentum zur Staatsreligion im römischen Reich.
Der Hintergrund ist vor allem staatspolitisch zu sehen. Durch eine einzige Religion soll das labile römische Reich gefestigt werden.

Persönliche Frömmigkeit ist für Helena, die Mutter des Kaisers überliefert. Sie reist als 70-jährige in das Land Jesus, veranlasst den Bau einer Kirche über der Geburtsgrotte in Bethlehem. Auf dem noch nicht bebauten Tempelberg lässt sie eine Himmelfahrtskirche bauen,und über dem Grab Jesus die bis heute erhaltene, mehrfach veränderte Grabeskirche bauen. Der Zeitzeuge Eusebius hat es überliefert.
Später haben sich allerlei Legenden um die Person der heiligen Helena gerankt.
Kaiser Konstantin verhilft dem römischen Oberhaupt der Christen zu mehr Ansehen und schenkt Papst Miltiades den Lateranpalast als Residenz für den Inhaber des nun privilegierten Glaubens.
Die Verbindung von Staat und Kirche wird noch allerlei Konflikte mit sich bringen.

Wenige Jahrzehnte später erkämpft der heilige Damasius die

Papstherrschaft, indem er eine Truppe Söldner anheuert und seine Mitbewerber ermordet. Er gilt als herrschsüchtiger Römer. Er ist es auch, der die Bezeichnung 'Apostolischer Stuhl' einführt, eine Institution, die jede kirchliche Streitfrage zu entscheiden hat. Damit hält der Papst, und alle seine Nachfolger, die Zügel der Macht in den Händen. Der 'Heilige Stuhl' entscheidet. Die Gemeinde der Welthauptstadt Rom spielt aufgrund der Geografie eine herausragende Bedeutung. Ihr Bischof wird zu einem mächtigen Mann der Kirche. Hat er sich den Gedanken des Gottesstaates der Abrahamitischen Religion zu eigen gemacht? Wird er der Versuchung widerstehen können, im Machtpoker der Mächtigen mitzumischen?

Der Bischof von Rom muss sich eine Legitimation zulegen, die der neuen Rolle als religiöse Welthauptstadt gerecht wird. Simon Petrus war früher Leiter der Jerusalemer Urgemeinde. Er war bereits im Kreis der zwölf Jünger Jesus so etwas wie eine Führungsfigur. Fataler Weise berichten die Schriften des Neuen Testaments nirgends etwas von einer Reise des Petrus nach Rom. Die Apostelgeschichte berichtet über die Missionstätigkeit des Paulus in Rom. Sie hätte gewiss über die Anwesenheit des Petrus berichtet, wenn dieser denn in Rom gewirkt hätte. Hier muss das sich herausbildende römische Papsttum noch eine fatale Lücke schließen, damit die Nachfolge von Petrus zum Stuhl des Papstes nach Rom führt.

Die päpstliche Fälschung

Etwa im Jahr 800 hat ein unbekannter, juristisch gebildeter Fälscher ein Dokument erstellt. Er gibt Historizität vor, indem er es zeitlich rückdatiert, als der römische Kaiser seine Residenz nach Konstantinopel verlegt. Ein glänzender Zeitpunkt!

Der wegziehende Kaiser schenkt die Stadt Rom inklusive etwas Umland dem Papst! Was für ein Geschenk! Um den riesigen Vermögenstransfer einigermaßen glaubhaft erscheinen zu lassen, erfindet der Fälscher eine Heilungslegende. Das ist publikumswirksam. Das klingt wie eine Tat von Jesus selbst in der Gegenwart. So klingt sie:

Kaiser Konstantin I. (272-337) war an Aussatz erkrankt. Er lies den Papst rufen. Der geistliche Oberhirte Silvester I. heilt den Kaiser durch ein Taufbad. Der Kaiser wird Christ und spricht das christliche Glaubensbekenntnis.

Aus Dankbarkeit macht der Kaiser dem Papst eine großzügige Schenkung. Der Kirchenstaat bekommt eine legitime territoriale Grundlage. Er ist jetzt ein Staat.

In der Konsequenz des gefälschten Dokuments fällt an Papst Silvester I. (314-335) und seine Nachfolger die geistliche und weltliche Macht über das ganze weströmische Reich.

Eine glänzende Idee, mit diesem Trick einer Fälschung das alte Ideal des Gottesstaates der Abrahamitischen Religion neu aufleben zu lassen.

Als erster hat Nikolaus von Kues im 15. Jahrhundert publik gemacht, dass die sogenannte 'Konstantinischen Schenkung' eine Fälschung ist. Dementi vom Papst – wen wundert es?

Dem Fälscher war ein dummer Fehler unterlaufen: Er spricht von 'Konstantinopel', obwohl die Stadt im vierten Jahrhundert noch 'Byzanz' hieß.

Heute erkennt auch der Vatikan die Urkunde selbst als Fälschung an, besteht jedoch darauf, die Schenkung habe es dennoch gegeben. Die Fiktion leuchtet ein, sonst wäre das Territorium futsch.

Die Sonderstellung des Papstes als Oberhaupt war innerkirchlich umstritten. In der frühen Kirche verlief eine Bruchlinie zwischen der griechisch sprechenden Ostkirche (Konstantinopel) und der lateinisch sprechenden Westkirche (Rom). Die Divergenz erreicht im Jahr 1054 ihren Höhepunkt mit einer lächerlichen Protzposse: Rom schließt den Patriarchen von Konstantinopel aus der Kirche aus. (Exkommunikation).

Der Patriarch holt zum Gegenschlag aus und spricht über den verantwortlichen römischen Kardinal die 'Verdammnis' aus. Der Bruch zwischen der weströmischen katholischen Kirche und der oströmischen orthodoxen Kirchen sollte ein endgültiger werden.

Der Zorn der einen Kirche auf die andere konnte nicht überwunden werden. Die Unvereinbarkeit der beiden Kirchen wurde in der Neuzeit bestätigt. 1729 sprach die römische Glaubens-Kongregation die 'communicatio in sacris' aus, d.h. mit den Orthodoxen ist im Kult und in Glaubensdingen keine gemeinsame Sache zu machen.

Einige Jahre später erklärten die orthodoxen Patriarchen von Alexandria, Jerusalem und Konstantinopel im Gegenschlag die römischen Katholiken zu Häretikern, weil sie nicht den wahren Glauben vertreten.

Es handelt sich um eine typische religiöse Masche, einer anderen Konfession den richtigen und wahren Glauben abzuerkennen.

Orthodoxe Kirche

Nach ihrem Selbstverständnis ist die orthodoxe Kirche aus der Urgemeinde in Jerusalem hervorgegangen. Ihre Ausbreitung erstreckte sich in nördlicher Richtung. Im 9. Jahrhundert haben Kyrill und Methodios die Slawen christianisiert. Konstantinopel wird zu einer Hochburg der orthodoxen Kirche.

Die religiöse Praxis spricht vor allem die Sinne an. Der Blick auf die

Ikonen-Bilder wird durch Kerzenlicht und Weihrauchduft verstärkt. Begleitende Musik verzichtet auf Gesang und eher ablenkende Texte. Das meditative Element steht im Vordergrund der gottesdienstlichen Handlung, die durch ihre Dauer von zwei bis drei Stunden auffällt. Damit soll der Gläubige aus der profanen Welt in die Sphäre des Heiligen versetzt werden.

Die orthodoxen Kirchen sind dezentral organisiert. Der Erzbischof von Konstantinopel stellt zwar eine theologische Autorität dar, aber er hat keine Jurisdiktion über andere Kirchen. So haben die Kirchen von Russland über Bulgarien, Griechenland, Syrien und Jerusalem bis Alexandria ihr jeweils eigenes Patriarchat.

Abgesehen von Klostergemeinschaften wie dem Berg Athos oder dem Sinai-Kloster haben die orthodoxen Kirchen nie die Gottesstaatsidee der Abrahamitischen Religion verfolgt. Der Glaube ist auf Kontemplation und Weltfremdheit abgestellt.

Ganz anders war der Weg der weströmischen Kirche. Sie hat hierarchischen Strukturen gebildet und auch im Dogma das Urchristentum vereinheitlicht.

Damit beginnt die Zeit der frühen Kirche.

Ambrosius, der Bischof von Mailand schreibt 390 n.Chr. eine Darstellung der christlichen Ethik. Der christliche Glaube beginnt sich als Lehre darzustellen. 420 n.Chr. deklariert Augustin in seinem „Gottesstaat" den römischen Staat als den christlichen.

Der Gottesstaat der abrahamitischen Religion bietet eine gute Vorlage, die Macht für die christliche Religion auszubauen.

Wie lange wird man der Versuchung widerstehen können, die neue Religion als Macht im Staat einzusetzen?

Wer hat die größte Macht, der Papst oder der Kaiser?

Das wird der große Kampf des Mittelalters werden.

Die Feste der Christen

Der Glaube erlebt sich im Feiern seiner Feste.
Das älteste Fest des Christentums ist Ostern. Es wurde zusammen mit dem Passahfest der Juden gefeiert. Dieses orientiert sich am Mondkalender. Nach dem ersten Vollmond im Frühling schlachten die Juden ihr Passahlamm, und die Christen gedenken der Auferstehung ihres Herrn.
Der Grund für die Berechnung nach dem Lauf des Mondes findet sich im Alten Testament. Psalm 104: Gott hat den Mond zur Bestimmung der Zeit geschaffen.

Von dem Ostertermin abhängig sind Himmelfahrt und Pfingsten.
40 Tage nach Ostern ist Jesus in den Himmel gefahren.
50 Tage nach Ostern kommt Gott in Form des Heiligen Geistes zu den Gläubigen. Pfingsten ist der Geburtstag der Kirche. Weil diese Feste mit dem Mond variieren, verändern sie in jedem Jahr ihr Datum. Das Pfingstfest wird in der jüdischen Religion als Schawout ebenfalls 50 Tage nach Ostern-Passah gefeiert.
Für das Feiern weiterer Feste gehen die Christen auf Abstand zum Judentum. Sie orientieren sich am Sonnenjahr. Julius Cäsar hatte in seiner Kalenderreform das Sonnenjahr zur Grundlage gemacht.

Die Christen wollten ein Datum zum Feiern der Geburt Christi finden. Astronomisch nicht ganz korrekt feierte man den 25. Dezember als Tag der Wintersonnenwende in Rom, sol invictus, das Fest des Sonnengottes. Das Christentum änderte nur den Inhalt des Festes und damit war das Weihnachtsdatum gefunden. Im Jahr 355 ist das Feiern des Weihnachtsfests zum ersten Mal historisch belegt.
Nun brachte aber die römische Dominanz ein Problem mit sich.
In Palästina feierte man man bereits das Geburtsfest Jesus am 6. Januar. Das Datum stammt aus der hellenistischen Götterverehrung.

In Alexandria, einer zur damaligen Zeit bedeutenden Stadt des Christentums, wurde seit Alexander dem Großen am 6. Januar die Geburt des Gottes Äon (=Ewigkeit) gefeiert. Dieser Gott wurde übrigens als Kind von einer Jungfrau geboren. Welch ein Glück! Da brauchte man nur noch den Namen auszutauschen, und das Weihnachtsfest war auf den 6.Januar gelegt. Fatale natale für Rom! Doch für den 6.Januar findet man in Rom auch eine Lösung: In der Erzählung von Weihnachten gibt es drei Sternendeuter, die zur Krippe kommen. Der 6. Januar wird zum Dreikönigstag erklärt. Übrigens bekommen in Ländern wie Spanien die Kinder ihre Geschenke nicht etwa am 24. Dezember sondern erst am 6. Januar. Denn Geschenke brachten nicht die Hirten, sondern die drei Könige (Sternendeuter).

Es gilt im Zusammenhang mit Weihnachten noch eines anderen Tages zu gedenken. Wenn es eine richtige Geburt war, dann brauchte die richtige Schwangerschaft neun Monate seit der Zeugung. Vom 25. Dezember zurück gerechnet, muss also die 'Verkündigung' durch den Engel auf den 25. März datiert sein. Dieses Datum ist als ein Christusfest ein Feiertag in den orthodoxen Kirchen.
Angesichts der Bedeutung Marias ist der Tag ihrer 'Reinigung' 40 Tage nach der Geburt ihres Kindes auch im Festkalender zu finden. Er wird am 2. Februar als Maria Lichtmess gefeiert.

Weiterhin hat die frühe mittelalterliche Kirche die 'unbefleckte Empfängnis' von Jesus auch auf die Reinheit der Mutter Maria übertragen. Von deren Geburtstag am 8.September neun Monate zurück gerechnet, hat Marias Schwängerung am 8.Dezember statt gefunden. Dieser Empfängnis-Feiertag hat nichts mit der weihnachtlichen Geburt zu tun, wie oft fälschlich angenommen wird.

Auch im Christentum genießen Feste schnell eine große Akzeptanz.

In den Prozess der weltweiten Ausbreitung des Christentums schleicht sich die Geburt eines dritten Kindes der abrahamitischen Religion ein: Der Islam.

Der Islam

Das geschichtliche Umfeld

Im Unterschied zur Religion des Zarathustra, dessen Quellen im Dunkel ferner Vergangenheit liegen, gibt es zu Mohameds Lehre viele Schriftzeugnisse. Diese sind zusammengefasst in den sogenannten Hadithe (arabisch 'Erzählung'). Da gibt es mehrere Sammler von Geschichten (und auch Legenden) aus dem Leben des Propheten. Man kann diese Sammlung von Geschichten mit den Lebensberichten der Evangelien im Fall Jesus vergleichen.

Die Hadithe sind deshalb im Islam von großer Bedeutung, weil der Lebenswandel Mohameds eine Norm (Sunna) für das islamische Recht darstellt.

Zwei Sammlungen sind besonders bedeutsam. Die eine stammt von al-Muslim aus dem Ostiran, die andere aus Buchara, deshalb al-Buchari genannt. Beide Sammlungen gelten als besonders authentisch und stammen aus dem achten Jahrhundert.

An dem zeitlichen Abstand von mindestens 150 Jahren zu dem Todesjahr Mohameds 622 setzen die Kritiker an. Es könnten in der Zwischenzeit zu viele Phantasien und Legenden entstanden sein. Eine extreme Position sieht Mohamed gar als Erfindung und nicht als historische Person an. Nach dieser These haben syrische Christen, die in den Osten des Irans verschleppt waren, den Islam entwickelt.[34]

---

34 Karl-Heinz Ohlig, Sammelband „Die dunklen Anfänge. Neue

Andererseits wird es nach einer gewissen Zeit notwendig etwas aufzuschreiben, wenn die Zeitzeugen und ihre Kinder nicht mehr am Leben sind. Das trifft auf alle historischen Ereignisse zu. Die Spurensuche zum Islam führt uns in die Stadt Mekka in Arabien, etwa 80 km östlich der Küste des Roten Meeres. Die Stadt liegt an der wichtigen Handelsstraße von Indien nach Palästina und ist ein bedeutender Umschlagplatz. Mekka ist außerdem ein religiöses Zentrum für verschiedene arabische Kulte. Dazu hat gerade dieser Ort allen Grund.

Hier war in vorgeschichtlicher Zeit etwas vom Himmel gefallen. Und das in einer Zeit, als man den Einschlag eines Meteoriten noch nicht als ein astronomisches Ereignis erklären konnte. Doch das religiöse Gespür der Menschen für etwas Außerirdisches ließ den „Schwarzen Stein", die Kaaba, zum Ort kultischer Verehrung werden, lange bevor Mohamed das Licht der Welt erblickte.

Die Person des Religionsstifters

Mohamed wurde im Jahr 570 n.Chr. in Mekka geboren. Die blühende Handelsstadt und der Wallfahrtsort brachten es mit sich, dass hier viele Pilger ihren religiösen Bräuchen nachgingen. Wie Mohamed später berichtete, widerte ihn der Kult der Beduinen an. Beachtung fand indes bei ihm, was jüdische und christliche Kaufleute aus den heiligen Schriften ihres Glaubens zu berichten wussten. Besonders der Glaube an nur einen einzigen Gott faszinierte ihn angesichts der Vielgötterei in seinem Umfeld. Mit den Karawanen kamen jüdische Händler, die eine mehr oder

Forschungen zur Entstehung der frühen Geschichte des Islam" ,2005 sowie Pressburg, Good bye Mohamed, 2010 weniger gute Kenntnis ihrer Religion hatten. Auch Anhänger des christlichen Glaubens wohnten in Mekka. Doch wie genau kannten sie ihre Religion, die seit mehr als zwei Jahrhunderten Staatsreligion im römischen Reich war?

Der Informationsstand des jungen Mohamed über die beiden großen Religionen war sehr lückenhaft und zufallsbestimmt. Es waren für ihn auch nicht zwei Religionen, die es auseinander zu halten galt. Jesus Christus war für ihn ein Prophet Gottes wie andere frühere Propheten. Er war nicht der Begründer einer neuen Religion.

Die Erzählungen, die Mohamed hörte, waren Mitteilungen über den Glauben an den einzigen wahren Gott. Es machte keinen Unterschied, ob die Worte aus jüdischem oder christlichem Mund stammten.
Mohamed erfuhr etwas von Engeln, die bei Gott stehen und von einer Hölle mit Feuerqualen. Die Geschichten aus dem Alten und Neuen Testament bewegten den jungen Mann sehr. Die Erwartung einer besseren Zukunft, die Wiederkunft eines Messias, der Glaube an einen Erlöser beschäftigten ihn so intensiv, dass er eines Nachts eine Vision hatte.

Der Erzengel Gabriel erschien ihm. Die nächtlichen Visionen wiederholten sich in der darauf folgenden Zeit. 'Sprich mir nach, was ich dir offenbare', beschreibt Mohamed die Forderung seines himmlischen Lehrmeisters. Das laute Nachsprechen göttlichen Willens ist unschwer als Methode der Mischna im rabbinischen Judentum zu erkennen.

Am Ende der Erleuchtungen versteht sich Mohamed als Prophet Allahs, des einzigen wahren Gottes.

Eine Bewegung entsteht

Als erster Anhänger glaubt seine spätere Frau Chadidscha an den Propheten. Er ist in ihrem Geschäft im Karawanenhandel tätig. Als 40-jährige Witwe heiratet Chadidscha den 25-jährigen Propheten Allahs.
Der zweite Anhänger wird ein Tuchhändler, Abu Bekr. Er wird später, nach Mohameds Tod, erster Kalif. Als Fünfzigjähriger heiratet Mohamed die 12-jährige Tochter Aischa dieses Freundes Abu Bekr.

Es ist ein erstaunliches religionsgeschichtliches Phänomen, dass die religiöse Bewegung um den Propheten Allahs so schnell eine größere Anhängerschaft gefunden hat.
Mohamed hat sich aber auch viele Pilger zu Feinden gemacht, die zur Anbetung irgendeines Gottes zur Kaaba kamen. Seine religiöse Unduldsamkeit gegenüber aller Vielgötterei führte zu tumultartigen Zuständen in Mekka. Im Jahr 622 n.Chr. musste Mohamed aus Mekka fliehen. Von ihm wurde diese Vertreibung, **Hedschra** („Auswanderung"), nicht als Schmach empfunden, sondern religiös überhöht dargestellt.

Zum Glück hat er in der nördlich gelegenen Stadt Jathrib viele Anhänger, die ihn begeistert aufnehmen. Die Stadt wird später in El Medinet en Nabbi umbenannt („Stadt des Propheten"), und hat in der Kurzform Medina Berühmtheit erlangt.
Mit der **Jahreszahl 622** n. Chr. beginnt die islamische Zeitrechnung. Sie ist ebenso Wende der Zeit, und will damit zugleich den Anspruch des Christentums korrigieren.

In Medina wird Mohamed heimisch. Von seinen Anhängern gefeiert,

baut er eine Moschee. Den Verlust seiner Heimatstadt Mekka kann er jedoch nicht überwinden. Es ist der Ort seiner heiligen Offenbarung. Im Neuen Testament wird Jesus das Wort in den Mund gelegt 'Der Prophet gilt nichts in seiner Heimat.'
Es muss Mohamed schmerzen, wenn ein Handelsreisender dieses den Christen bekannte Wort zitiert.

Mohamed rüstet zum bewaffneten Kampf gegen Mekka. Im Jahr 630 n.Chr. betritt er das besiegte Mekka. (Nach anderer Überlieferung verlief die Einnahme Mekkas als unmilitärische Besetzung). Als erstes zerstört Mohamed die Götzenbilder und Altäre rund um die Kaaba. Der 'Schwarze Stein' wird von ihm zum Heiligtum erklärt mit dem Ziel einer religiösen und nationalen Einigung aller Araber. Heute ist Nicht-Muslimen das Betreten der heiligen Stadt Mekka streng verboten.

Der Sieg über Mekka ließ Mohamed Pläne schmieden, sogar Byzanz zu erobern, die auf dem Landweg erreichbare Hochburg der Christen. Dazu kam es nicht mehr. Durch eine Malaria schied der Prophet Gottes aus dem Leben.

Dem Siegeszug der neuen Religion konnte der Tod Mohameds im Jahr 632 n.Chr. allerdings keinen Abbruch tun. Rasend schnell verbreiteten Mohameds Armeen die neue Lehre von Arabien aus in westlicher Richtung über ganz Nordafrika. Von dort sprang der Islam später auf die iberische Halbinsel über. In östlicher Richtung wurde das ehemalige Weltreich Alexanders bis Iran, Afghanistan und das heutige Pakistan islamisiert. Die nördliche Ausbreitung reichte über Palästina bis zur Türkei und dem Kaukasus.

Gleich nach Mohameds Tod brachen die Reiterscharen des Islam auf.

Sie brauchten gerade mal 20 Jahre, um das riesige persische Königreich zu erobern und zu bekehren. Das alte abrahamitische Ideal vom Gottesstaat war ein Jahrtausend später auf ganz neue Weise als islamischer Gottesstaat zur Realität geworden.

Die religiösen Inhalte

Beten – Geben – Ramadan - Hadsch

Mohamed hatte vieles von den Lehren aus Judentum und Christentum erfahren. Das alles war ihm viel zu kompliziert. Anstatt eines dogmatischen Systems hat er auf einfachste Art und Weise die Säulen seines Gottesglaubens zusammen gestellt. Man kann sie an den Fingern einer Hand abzählen.

Die Muslime vollziehen ihren Glauben durch Einhaltung von fünf Säulen. Diese sind:

(1) Schahada   - Glaubensbekenntnis
(2) Salat   - tägliches Pflichtgebet
(3) Zakad   - Almosen für Bedürftige
(4) Saum   - Fasten im Ramadan
(5) Haddsch   - Wallfahrt nach Mekka

Der Name „Islam" bedeutet Unterwerfung.
Ein „Moslem" ist derjenige, der sich unterwirft.

1) Die erste Säule ist das Glaubensbekenntnis des Islam: aschhadu al-la ilaha illa-Llah, wa schhadu anna muhammad ar-rasul Allah. (Ich bekenne es gibt keinen Gott außer Allah und Mohamed ist der Prophet Allahs). Der Engel Gabriel hat zu Mohamed die Schahada gesagt. Wenn jemand Muslim werden will, muss er dieses Bekenntnis vor zwei Zeugen sprechen, dann ist er Muslim. Eine

Eintragung in irgendein Kirchenbuch erfolgt nicht. Der Islam kennt keine ähnliche Struktur wie bei den Kirchen. Die Glaubensformel Schahada wird auch bei anderen Gelegenheiten abgekürzt verwendet. Der Vater flüstert es seinem Kind ins Ohr. Dem Sterbenden spricht man die Glaubenssätze noch auf dem Todeslager zu, damit er im Jenseits die richtigen Antworten weiß: Wer ist Gott? Allah .
Deine Religion? Der Islam.
Wer ist der Prophet? Mohamed.
Mohameds Zeit war eine Zeit des Analphabetismus. Ein so einfaches Glaubensbekenntnis war für jeden zu verstehen.

2) Die zweite Säule ist das Gebet. Eine Religion muss jeden Tag aktiv sein. Der Gläubige muss täglich fünf mal mit Blick auf das Heiligtum in Mekka beten. Der Gebetsblick des gläubigen Juden in Richtung Jerusalem war Mohamed vertraut. Er ändert für seine Gläubigen die Himmelsrichtung. Qibla heißt in Richtung Mekka. Die qibla-Wand in einer Moschee ist nach Mekka ausgerichtet, zumeist durch eine halbkreisförmige Nische erkennbar. Zu dieser Gebetsnische, mihrab, soll der Gläubige den Blick richten. Der Aufruf zum Gebet erfolgt durch den Muezzin. Vom Minarett hört man ihn nachhaltig über die Dächer einer Stadt. Im elektronischen Zeitalter erinnert ein App im Handy an den Zeitpunkt für das fällige Gebet.
Zum Gebet gehört eine besondere Körperhaltung, raka, die Verbeugung. Der Betende kniet auf den Gebetsteppich nieder und zieht die Schuhe aus. Die Stirn und beide Handflächen müssen den Boden berühren. Wenn mehrere Muslime gemeinsam beten, stellt man sich geordnet in Reihen auf. Ein Vorbeter steht vor ihnen, der Imam.
Neben dem täglichen Gebet hat das Freitagsgebet, die dschuma, besondere Bedeutung. Die Gläubigen versammeln sich in einer

Moschee. Diese ist ein eher schmuckloser Versammlungsraum, indem es keine Bilder oder farbige Glasfenster gibt. Der Imam hält von einem Pult aus oder der Kanzel neben der Gebetsnische eine Predigt, khutba. Eine Überwachung der Predigten gibt es auch in muslimischen Staaten, damit die reine Lehre gewahrt bleibt. Man weiß um die Gefahr, die von staatsfeindlichen oder aufrührerischen Parolen ausgeht.

3) Die dritte Säule hat einen zeitgeschichtlichen Hintergrund. Zu Mohameds Zeit ist Arabien bitterarm. Eine gerechtere Verteilung der Nahrung wird zur religiösen Chefsache. Das Gedankengut stammt von Johannes dem Täufer. Dessen Predigt entstammt der Satz: 'Wer zwei Hemden hat, soll dem eins geben, der keines hat. Und wer etwas zu essen hat, soll es mit anderen teilen'. Es ist ein Gottesgebot, den Armen etwas abzugeben ('Almosen'). In der Bildersprache des Koran gleicht dieses Handeln einem Samenkorn, das sieben Ähren treibt und in jeder Ähre 100 Körner hat.
Der Fiskus in islamischen Ländern erhebt 2,5% des Einkommens. Im Vergleich war der 'Kirchenzehnte', also 10% für den christlichen Staat schon 4-fach teurer. Der heutige Finanzminister des Christlich-Demokratischen Staates langt viel unverschämter hin.

4) Die vierte Säule kennt man aus dem jüdisch-christlichen Brauchtum, das Fasten. Der Islam übernimmt es und weitet es zum Fastenmonat Ramadan aus. Durch Fasten kann der Muslim die Entbehrungen erfahren, unter denen die Armen immer leiden. Das Fasten gilt den ganzen Tag über, nicht essen, trinken, rauchen, keinen Geschlechtsverkehr.. Es beginnt, wenn 'in der Morgendämmerung der weiße Faden vom schwarzen zu unterscheiden ist' und dauert von da an bis zum Einbruch der Nacht. Für viele Moslems ist die Einhaltung des Fastens diejenige

Forderung, die sie am gewissenhaftesten erfüllen. Wenn der Monat Ramadan vorbei ist, wird das 'Fest des Fastenbrechens' ausgiebig gefeiert. Man macht sich gegenseitig Geschenke, isst und trinkt üppig, leistet aber auch eine zusätzliche Spende an die Armen.
Ein allgemeines Speiseverbot wurde aus dem Judentum übernommen: Schweinefleisch zu essen, ist auch den Moslems untersagt.
5) Die fünfte Säule betrifft eine Wallfahrt nach Mekka. Der Hadsch ist das große Ziel im Leben eines Moslems, einmal im Mekka, der heiligen Stadt des Propheten. In Zeiten der großen Zunahme der Erdbevölkerung, besonders auch in der islamischen Welt, stellt der Harsch die saudische Regierung vor eine logistische Herausforderung. Das Gedränge bei der Umrundung des 'Schwarzen Steins' fordert alljährlich sogar Todesopfer. Nichtmuslime gelten als unrein und dürfen nicht an der Hadsch teilnehmen. Dieses große touristische Ziel der Hadsch eint die Muslime wie eine Familie. Das Land der Herkunft spielt keine Rolle. Alle tragen das gleiche weiße Gewand ohne Saum, es ist kein Unterschied zwischen Mann und Frau, es gibt keine Schranke von Rasse oder Nationalität, nur die der Religion.
Der Hadsch ist eine große Glaubensgemeinschaft.

Der KORAN

Der Koran bezeichnet den Islam als die Religion Abrahams.

Das heilige Buch des Islam besteht aus 114 Suren (Kapitel). Sie sind in arabischer Sprache verfasst und von Gott an Mohamed übergeben. Jedes Wort ist heilig. In den Schulen und Moscheen wird täglich aus dem Koran vorgelesen. Koran heißt wörtlich „Lesung". Die Anordnung der einzelnen Suren im Koran folgt formalen Gesichtspunkten. Die Reihenfolge richtet sich nach der Länge. Die längste Sure steht an erster Stelle.

Die erste und längste Sure gilt der Anrufung Allahs. Danach ist jeder Sure der Zusatz vorangestellt, 'Im Namen Allahs, des Gnädigen und Barmherzigen'.

Der Koran wurde kurze Zeit nach Mohameds Tod das heilige Buch des Islam.

Im Koran kommen die zehn Gebote der christlichen Religion zwar nicht vor. Doch in Sure 6 gibt es eine Aufzählung von Regeln des Verhaltens, die den zehn Geboten ähneln: Zu den Eltern gut sein, Kinder nicht wegen Verarmung töten, keine abscheulichen Handlungen tun, das Vermögen der Waisen nicht antasten, eine Aussage wahrheitsgemäß zu machen, u.a.

Die Anlehnung an den abrahamitischen Dekalog ist unverkennbar.

Der heilige Krieg

In der zweiten Sure hat Mohamed seinen Anhängern die Gebote des heiligen Kriegs gegeben. Hier finden sich die Grundlagen, die die Armeen des Islams siegreich vordringen ließen: Kämpfer für Allahs Sache gegen die, die euch bekämpfen. Tötet sie, wo immer ihr sie trefft! Vertreibt sie! Das ist die Vergeltung für die Ungläubigen. Bekämpft sie bis die Verfolgung aufgehört hat und der Glaube an Gott frei ist! Allah ist mit denen, die ihn fürchten. Das verspricht der Koran.

Auf dieser Forderung basiert der unglaubliche militärische Erfolg der arabischen Reiterscharen in den frühen Jahrhunderten. Nötig ist der Einsatz von Waffen, um die eigene Religion ungehindert ausüben zu können. Das ist ein Grundsatz des Islam.

Mohamed verändert die biblische Erzählung von Abrahams Opferung seines Sohnes Isaak. In der Version des Koran ist es Ismael, der auf den Opferstein soll. Ismael ist Abrahams erster Sohn, den er mit seiner Magd gezeugt hat.

Der Felsendom in Jerusalem

Der Überlieferung nach ist die Stätte dieser Opferhandlung der Felsen in Jerusalem, über dem sich heute der Felsendom wölbt. Und es gibt weitere Gründe, die den Felsen zum Heiligtum machen. Salomo soll an dieser Stelle seinen prächtigen Tempel errichtet haben. Jesus Christus ist von hier aus in den Himmel gefahren. Mohamed fuhr ebenfalls von hier aus hinauf. Der Fußabdruck ist noch heute im Felsen zu sehen.

Diesen heiligen Ort für die eigene Religion zu beanspruchen, war eines der ersten Ziele kriegerischer Eroberungen des Islam. Im Jahr 691 n.Chr. wurde der Felsendom in Jerusalem als erstes islamisches Bauwerk fertiggestellt. Im Innern liest man die Jahreszahl auf einem Schriftband ringsum unter der Kuppel. Neben dem Propheten Mohamed wird auch Jesus, Sohn der Maria, als Prophet Gottes erwähnt. Neben dem Satz 'der Islam ist die einzige Religion bei Gott' stehen weitere Verse aus dem Koran in arabischer Sprache auf diesem Schriftband.

Der Nachfolger

Mit Mohameds Tod im Jahr 632 stellt sich die Frage nach einem Nachfolger. Zunächst bleibt die Regentschaft in der Familie. Die arabischen Stammesältesten einigen sich, Abu Bakir zu seinem Nachfolger zu bestimmen. Er war Mohameds enger Vertrauter, und die Tochter war mit Mohamed verheiratet. So übernimmt der Freund und Schwiegervater Abu Bekr als erster das Amt des Nachfolgers, das Führungsamt der islamischen Gemeinschaft. Er wird der erste **Kalif**. Das Wort 'Kalif' bedeutet 'Nachfolger'.

Nach dessen Tod 634 übernimmt der zweite Schwiegervater Umar das Amt des Kalifen. Mit Umar verlagert sich das Machtzentrum aus Mekka nach Damaskus. Umar erbaut die Umayyaden-Moschee als sichtbares Zeichen seiner Residenz.

638 erobert er Jerusalem. Das ist für die Christen besonders schmerzlich. 692 erbaut Abd al Malik, Kalif der Umayyaden, auf dem Tempelberg in Jerusalem den Felsendom. Der Legende nach war Mohamed von hier aus in den Himmel aufgestiegen. Sein Fußabdruck kann heute noch besichtigt werden.
Nach Medina mit dem Grab Mohameds und Mekka, der Geburtsstadt Mohameds, wird Jerusalem zur dritten heiligen Stätte des Islam.
Die im Felsendom befindliche, älteste islamische Inschrift belegt, dass Arabisch die Sprache des neuen Reiches, die Schrift des Islam ist.

Kalif Umar wird 644 von einem persischen Sklaven erdolcht.
Das höchste Führungs-Amt bleibt weiterhin in der Familie und rückt an die Generation der Schwiegersöhne weiter.
Uthman ibn Affan wird der 3. Kalif (644-656).
Nach dessen Ermordung tritt der Schwiegersohn Ali ibn Talib als 4. Kalif (656-661) die Nachfolge an. Auch er wird ermordet.

Dieser Ali hatte Mohameds Tochter Fatima geheiratet. Seine daraus abgeleiteten Thronansprüche haben schon zu Lebzeiten Neider gehabt. Ein gewisser Muawiya ibn Abu Sufyan, ein Sohn des einflussreichen Clans der Umayyaden, in Mekka geboren, gehört von Anfang an als früherer Sekretär Mohameds zum engeren Führungskreis.

Machtzentrum Damaskus (Umayyaden 661-750)

Umar (2.Kalif) hatte diesen Muawiya mit einer Führungsaufgabe betraut und ihn zum Statthalter über Syrien eingesetzt. Dort sitzt er fest im Sattel. In seiner Machtposition kann er es sich leisten, die Übernahme des Kalifats durch Ali (zum 4.Kalif) nicht anzuerkennen. Kurzerhand lässt sich Muawiya selbst zum Kalifen wählen. Nun muss nur noch die politische Konkurrenz ausgeschaltet werden. Wie zufällig wird Alis Sohn Hussein wenig später auf dem Schlachtfeld aus dem Weg geräumt. Damaskus wird das Machtzentrum des Islam für das nächste Jahrhundert. Die Vorgänge um die Entmachtung Alis führen zur Spaltung des Islam, die bis heute anhält.

Die **Schiiten** halten daran fest, dass ein Kalif ein direkter Nachfahre des großen Propheten in leiblicher Abstammung sein muss. Deshalb muss das Erbe des Propheten dem Sohn Hussein zustehen. Doch leider starb der vorzeitig auf dem Schlachtfeld.

Die **Sunniten**, die heute den überwältigenden Anteil der Moslems ausmachen, vertreten den Standpunkt, dass der Kalif wählbar sein muss. Durch einen Wechsel an der Spitze kann der Islam besser den gesellschaftlichen Veränderungen Rechnung tragen.

Liste der ersten 4 Kalifen

632-634 Abu Bakr	1. Schwiegervater Mohameds
634-644 Umar ibn al-Chattab	2. Schwiegervater Mohameds
644-656 Uthman ibn Affan	1. Schwiegersohn Mohameds
656 -661 Ali ibn Abi Talib	2. Schwiegersohn Mohameds

Die weiteren Kalifen werden von Schiiten und Sunniten in ihrer Rechtmäßigkeit unterschiedlich anerkannt.

Die neue Religion hat sich nach Mohameds Tod rasant ausgebreitet. Die mohamedanischen Reiterscharen verbreiten den neuen Glauben durch ganz Palästina.

Das führt zum Konflikt mit der byzantinischen Großmacht der Region. Das christliche Konstantinopel ist der Sitz des römischen Kaisers. Im Jahr 636 n.Chr. kommt es zu dem entscheidenden militärischen Zusammentreffen am Yarmuk, einem Nebenfluss des Jordan im heutigen Jordanien.

Die islamischen Truppen besiegen das christliche Heer.

Das war weit mehr als nur eine verlorene Schlacht.

Für Konstantinopel – und damit für das christliche Abendland - war der Orient bis hin nach Ägypten für immer verloren.

Das Ende der Umayyaden

In der Mitte des 8. Jahrhunderts brodelt es in der großen Armee des Islam. Viele Soldaten stammen aus Persien, auch Abu Muslim. Er dient als persischer Offizier im Heer der Umayyaden. Er zettelt eine Revolte an. Vor den Augen der Armee taucht er sein Gewand in schwarze Farbe.

Seither gilt die schwarze Farbe als das Symbol für Aufstand und Revolution. Schwarz wird zur Flagge des islamischen Vielvölkerstaats. (Die schwarze Flagge zeigen die Kämpfer für den islamischen Staat auch im Jahr 2014).

Der Aufstand des Abu Muslim führte am Ende den Untergang der Umayyaden im Jahr 750 in Damaskus herbei.

Das neue Machtzentrum wird weiter im Osten liegen, -Bagdad-doch die Stadt muss erst noch gebaut werden.

Machtzentrum Bagdad (Abbassiden 750-1258)

Was hat den Untergang der Umayyaden-Dynastie beflügelt? War es nur ein Konflikt zwischen zwei Herrscherhäusern?

Die große Vergangenheit liefert die Erklärung.

Alexander der Große hatte zwar das alte Großreich der Perser zerschlagen. Doch blieb auch nach ihm Mesopotamien ein wichtiges Handelszentrum im Orient. Im Zweistromland kreuzen sich die Karawanenwege. Und der Nationalstolz der Perser hielt den Ruhm ihrer großen und mächtigen Könige lebendig.

Hier gründet der Kalif Mahmun im Jahr 762 n.Chr. eine neue Residenz am Ufer des Tigris: Bagdad. In der persischen Sprache bedeutet der Name 'Geschenk Gottes'.

Das neue Zentrum der Macht wird das, was es früher schon war, ein Schmelztiegel der Kulturen zwischen der arabischen Welt und dem ehemaligen Perserreich.

Bagdad ist im 9.Jahrhundert eine Millionenstadt. Das Reich Allahs entwickelt eine eigene Kultur auf hoher Blüte. Die Vorläufer der Naturwissenschaft entstehen. Islamische Baumeister schaffen große Werke zwischen Kairo und Isfahan.

Die Einheitssprache des Reiches ist die des Koran. Persische Erzählungen werden ins Arabische übersetzt. Das berühmteste Buch sind die Märchen aus Tausendundeiner Nacht.

Der Islam ist in sein goldenes Zeitalter getreten. Der islamische Gottesstaat steht in voller Blüte.

Doch jede Epoche findet auch einmal ein Ende. Im Jahr 1258 überrennen die Mongolen Bagdad. Die Stadt wird gründlich geplündert und zerstört. Sie ermorden den Kalifen al-Mustasim. Die Geschichtsquellen berichten von ungeheuren Grausamkeiten an der Bevölkerung.

Bis auf weiteres wird es keine zentrale Führung des Islam, kein Kalifat, geben. Die Herrscher in den einzelnen Ländern des islamischen Großreichs nennen sich nun Sultane. Wird es je wieder zu einer einheitlichen politischen und religiösen Führung des Islam kommen?

Bevor der geschichtliche Faden wieder aufgegriffen wird, lohnt es sich einen Blick in den Süden Spaniens zu werfen!

Konflikte

Andalusien

Drei Religionen gibt es in Spanien

Mit der Zerschlagung des Jerusalemer Gottesstaates durch die Römer mussten sich die Judäer eine neue Heimat suchen. Bei der von den Römern angedrohten Todesstrafe durften sie Jerusalem nicht mehr betreten. Viele flohen auf der alten Handelsroute der Phönizier auf die dünn besiedelte iberische Halbinsel. Dort entwickelte sich die jüdische Religion, und es wurden Synagogen gebaut. Mit der nächsten Welle einer Einwanderung kamen die Germanen nach Spanien, zunächst die Hunnen, dann die Westgoten. 507 wird Toledo die Hauptstadt der Westgoten. Sie brachten die christliche Religion nach Spanien.

Die islamische Eroberung Spaniens

711 setzte Tarik ibn Ziyad, ein aus dem Jemen stammender Feldherr, mit 7.000 Berbern vom nordafrikanischen Ceuta aus nach Spanien über. Er landete an dem Felsen, der seither seinen Namen trägt. (Tarik=Gibraltar)

Im Kampf gegen das gotische Heer siegt Tarik. Der Gotenkönig Rodrigo verlor die Schlacht und sein Leben. Weitere kriegerische Auseinandersetzungen zwischen Christen und Moslems folgten. Danach herrschten übergangsweise umayyadische Gouverneure im Auftrag des Kalifen von Damaskus.

Doch dann ereignete sich - fern von Andalusien - jener Umsturz an der Spitze des islamischen Reiches. Der Kalif in Damaskus wurde ermordet, und seine Familie sollte ausgelöscht werden.

Einer war entwischt

Der Machtwechsel von den Umayyaden zur Dynastie der Abbasiden (750) war ein blutiger. Die neuen Herrscher im künftigen Bagdad wollten die Umayyaden restlos beseitigen. Fast wäre es ihnen gelungen. Einer jedoch konnte dem Massaker entkommen. Sein Name ist Abd ar-Rahman. Von Damaskus floh er über Ägypten durch Nordafrika. Es kam ihm zugute, dass seine Mutter Berberin war. Das sollte ihm noch helfen. Fünf Jahre war er auf der Flucht. Im Jahr 755 kam er in Andalusien an. Er verstand es, die Zwistigkeiten zwischen den arabischen und berberischen Kriegern der islamischen Besatzungsmacht zu überwinden.

Das Reich in Andalusien

Abd ar-Rahman ernannte sich zum Emir von al-Andalus. Als sein Machtzentrum erbaute er die Moschee von Cordoba, sowie die große Moschee in Granada. Gegen Anhänger der Abbassiden, die stets nach seinem Leben trachteten, konnte er sich erfolgreich behaupten.

Abd ar-Rahman war Emir von Cordaba (756-788). Er ist der Begründer einer Dynastie, die bis 1031 Bestand hat. Danach zerfällt der Zentralstaat in mehrere kleine Herrschaftsgebiete (etwa zwanzig an der Zahl), die unter dem Namen Taifa-Königreiche in die Geschichte eingegangen sind.

Die Vorgänge auf der iberischen Halbinsel sind mehr als ein Nebenschauplatz außerhalb der arabischen Welt.

In religionsgeschichtlicher Hinsicht beginnt in Andalusien eine neue

Epoche. Bisher wurden seit dem Tod des Religionsstifters alle eroberten Gebiete islamisiert. Nicht so in Andalusien.

In Spanien siedeln seit der Zeit der Römer sehr viele Juden. Sie sind Händler und Gelehrte. Neben dieser jüdischen Bevölkerungsgruppe sind die meisten Landesbewohner seit der Eroberung durch die Goten christlichen Glaubens.

An den Religionen ändert der islamische Herrscher nichts. Der neue Emir übernimmt die vorhandene Landesverwaltung des gotischen Reiches.

Für das Zusammenleben mit anderen Religionen erfindet Abd ar-Rahman ein denkbar einfaches System.

Die Moslems zahlen wenig oder gar keine Steuern. Wenn Juden und Christen ihren Glauben behalten wollen, müssen sie eben höhere Steuern zahlen. Dem können sie ganz einfach entgehen, indem sie zum Islam konvertieren.

Bisher gibt es ein solches religiöses Nebeneinander noch nicht. Ob das gut gehen kann?

Der zweite bedeutende Aspekt ist die Loslösung aus der weltweiten Glaubensgemeinschaft des Islam. Der Emir von Cordoba unterstellt sich nicht mehr dem Kalifen in Bagdad. Für das Kalifat ist es grundlegend, dass es keine Trennung von Macht und Religion gibt. Das Oberhaupt des islamischen Glaubens ist zugleich der oberste Regent des Reiches.

Jetzt gibt es in Andalusien ein islamisches Territorium, das einerseits Judentum und Christentum duldet und sich zudem von der Zentralgewalt des Kalifats losgelöst hat. Damit ist die Umma, die politische Einheit aller Muslime, zerfallen.

Kann dieses neue Staatssystem den Islam selbst gefährden oder verändern?

Die Historiker bewerten unterschiedlich

Das PRO

Unbestritten ist, dass sich im 10. Jahrhundert Kultur und Wissenschaft zu einer Hochblüte entfaltet haben. Die Stadt Córdoba ist im 10. Jahrhundert eine Millionenstadt. Zu Recht hat man sie als kulturelle Welthauptstadt bezeichnet. Hier wirkt zum Beispiel ein Maimonides, der die jüdische Philosophie und Religion des Mittelalters stark geprägt hat. Er hat der jüdischen Religion zu einem dogmatischen System verholfen.

Die Stadt Toledo war ein Zentrum jüdisch-christlicher Kultur in Europa. Dem dortigen Erzbischof Don Raimundo ist ein unschätzbares Verdienst zu danken: In einer Art Akademie sorgt er für die Übersetzung der griechischen Philosophen Plato, Euklid und Aristoteles ins Spanisch und Arabisch. Juden wie Latein-kundige Christen sorgen für den Erhalt von antiken Schriften. Eine Fülle von Übersetzungen blieb nicht auf die Philosophie beschränkt. Die arabischen Naturwissenschaft gelangen auf diesem Wege ins mittelalterliche Europa. Die anatomischen Untersuchungen des griechischen Arztes Galen sind uns auf diesem Weg überliefert. Arabische Schriften aus den Bereichen Astronomie, Mathematik, Alchemie und Physik wurden ins Lateinische oder auch in das kastilische Spanisch übersetzt. Die mittelalterliche philosophische Scholastik wäre ohne die Übersetzung der Schriften des Aristoteles durch Ibn Ruschd nicht denkbar. In Andalusien gab es eine Vielzahl von Bibliotheken.

Walter Haubrich gibt in seinem Buch[35] an, die Palast-Bibliothek des Kalifen Al Hakam II. (961-976) hat 400.000 Bände gezählt. Selbst wenn einem die hohe Zahl spanisch vorkommen mag, belegt es doch das große Interesse an Kultur und Wissenschaft. Weiterhin muss noch ein Aufschwung des Handwerks erwähnt werden, besonders was Leder, Seide, Schmuck betraf. Hier hat sich der arabische Einfluss sehr direkt ausgewirkt.

Für die Gesellschaftsstruktur gilt es festzuhalten: Jüdische und christliche Gelehrte waren in einem islamischen Staat in hohen Positionen der Gesellschaft.

Georg Bosson urteilt über das maurische Spanien:

'Mehr als irgendwo sonst in der islamischen Welt gab es in al-Andalus Ansätze zur Überwindung engstirniger Dogmen, der Unterdrückung der Frau, der Ausgrenzung anderer Religionen. Mehr als irgendwo sonst gab es ein Denken und Empfinden, das aus dem Denken einer erstarrten Offenbarungsreligion hinausführte. Mehr als irgendwo sonst durchdrangen sich islamische, jüdische und christliche Kultur in einer fruchtbaren Symbiose.' [36]

Das Contra

Kriegerische Auseinandersetzungen zwischen Juden, Christen und Arabern hat es während der gesamten Zeit der Herrschaft der Mauren immer wieder gegeben.

„Das al-Andalus der Tarifa-Zeit wurde zerrieben zwischen christlichem und islamischem Fundamentalismus. Die Konfrontation zwischen den Religionen hat die Oberhand behalten, es kam zum gnadenlosen Kampf zwischen einem europäisch radikalisierten Christentum und einem afrikanisch radikalisierten Islam; Kreuzzug stand gegen Djihad." „Die Idee von al-Andalus ist in das Räderwerk

---

35 **Walter Haubrich**, Spanien, 2009

36 Georg Bosson, Das maurische Spanien. Geschichte und Kultur,   S.121

der Geschichte geraten."[37]
Es gab in Andalusien kein friedliches Nebeneinander der Religionen.
Das Alhambra-Edikt beendet den Unfrieden.

Daraus hat die feudalistische Regierung in Spanien die klare
Forderung erhoben: Schluss damit, es gibt nur eine Religion in
diesem Land! Entweder die Religion wechseln oder auswandern!

Einige Fakten in Jahreszahlen:

711   *Tariq besiegt das Gotenheer. Beginn des Islam.*
756-1031   *Emirat von Cordoba*
1031-1095 *Taifa-Königreiche (einzelne islamische Staaten)*
1085   *Eroberung von Toledo durch den christlichen König*   *von*
Kastilien
1148   *Islamischer Terror nach der Invasion der*
            Almohaden (Verfechter des christlichen Staates)
1225   *Die Mauren können dem christlichen Ansturm nicht*
            standhalten und ziehen sich nach Granada als letzter
            Festung zurück.
1391   *Stürmung des jüdischen Viertels in Sevilla*
1492   *Das Alhambra-Edikt beendet das Zusammenleben*
            verschiedener Religionen in einem Staat.
            Juden und Muslime werden vor die Wahl gestellt,
            durch die Taufe zum christlichen Glauben zu   *konvertieren*
oder aber das Land zu verlassen.
            Folge: Auswanderung von 150.000 Juden
1500   *Aufstand der muslimischen Bevölkerung*
1502   *300.000 Muslime verlassen Andalusien*

---

37   Georg Bosson, ebd. S.122

Ein multi-religiöses Staatssystem war gescheitert.
Ein friedliches Nebeneinader gab es in der Realität nicht.

Das Christentum schlägt zu: die Kreuzzüge

Die religiös geprägten Auseinandersetzungen auf der iberischen Halbinsel haben das Handeln der kirchlichen Führungsmacht in Rom stärker geprägt, als es in Dokumenten nachzuweisen geht.
Doch die päpstliche Diplomatie ist aktiv.

Als die türkischen Seldschuken 1084 Konstantinopel belagern, bittet Kaiser Alexios I. die Christen der lateinischen Kirche im Westen um militärische Hilfe. Dem Papst kommt die Notlage der oströmischen christlichen Konkurrenz gerade recht. Es liegt gerade mal dreißig Jahre zurück, dass man sich gegenseitig die Feindschaft erklärt hatte.

Papst Urban II. ruft 1095 auf einer Versammlung französischer Bischöfe zum 'heiligen Krieg' gegen die Moslems auf. Der Grund: Sie verwehren den Zugang zu den heiligen Stätten in Jerusalem.
Damit kann er auf Gehör hoffen bei allen, die an den in Jerusalem Gekreuzigten glauben. Es wird ein breites Spektrum der Bevölkerung vom König und Adel bis zu Bauern, Abenteurern und dem einfachen Volk in den Kampf nach Palästina ziehen.

Hinter der vorgegebenen Befreiung der heiligen Stätten steht der Machtpoker der beiden Kirchenfürsten in Konstantinopel und Rom. Papst Urban II. möchte ebenso wie Alexios I. das Oberhaupt des gesamten Christentums sein.

Der gewollte Krieg verfolgt unterschiedliche Absichten und Ziele.
Das bekommen die Kreuzzügler bei ihrem Eintreffen vor den Toren

Konstantinopels zu spüren. Dort sind sie nicht willkommen. Sie werden nicht einmal in die Stadt eingelassen. Der Kaiser Ostroms verlangt, sich dem Militärkommando im Kampf gegen die Seldschuken zu unterstellen. Kaiser Alexios I. will die verloren gegangenen Gebiete zurück erobern. Einzig dafür will er die Kämpfer aus Europa haben.

Es bleibt den Kreuzfahrern nur noch der Weg, in Palästina eigene Strukturen, ihre eigene Logistik, wie man heute sagen würde, aufzubauen. An ihrem Ziel zur Befreiung der heiligen Stätten halten die europäischen Anführer wie auch die Kreuzzügler fest. Das ist für sie der Kriegsgrund und das Kriegsziel.

Im Jahr 1099 stürmen sie Jerusalem. Trotz heftiger Gegenwehr gelingt es den Truppen des Gottfried von Bouillon die Mauern der Stadt zu überwinden. Es kommt zu einem beispiellose Massaker.
Eine Woche lang hat das Gemetzel gedauert, dem nur wenige lebend entkommen können. Die drastischen Schilderungen des Geschehens in christlichen Quellen macht keinen Hehl aus dem beispiellosen Grauen.
Das Bild der Muslime von der Christenheit wird durch das Gemetzel der Kreuzritter in Jerusalem nachhaltig geprägt.
Wie anders war doch die Besetzung Jerusalems durch die Muslime im Jahr 638. Damals wurde die Heilige Stadt kampflos übergeben.
Erst 1187 gelingt es Sultan Saladin Jerusalem zurückzuerobern.

Eine erneute Eroberung Jerusalems wird zum Ziel des vierten Kreuzzugs erklärt. Und eine Rechnung mit Konstantinopel wegen früher erlittener Schmach ist auch noch offen. So lautet das Ziel für den nächsten Kreuzzug, auch der christlichen Feind in Ostrom niederzuwerfen.Konstantinopel wird 1261 erobert und geplündert.
Der Kreuzzug des Kaisers Friedrich II. bringt Jerusalem wieder in

abendländischen Besitz.[38]

Die Ideologie der Kreuzzüge

Welche Weltsicht prägt das Zeitalter der Kreuzzüge aus christlicher Sicht? Einen singulären und bescheidenen Tourismus zu den Orten an denen Jesus Christus gewirkt hat, gab es auch schon vor der Zeit der Kreuzzüge. Für die überwiegende Mehrheit der Christen gab es zwar kaum die Möglichkeit nach Palästina zu reisen, aber vor allem keinen Anlass dazu.

Theologisch gesehen war aus dem galiläischen Wanderprediger Jesus von Nazareth seit seiner Kreuzigung und Auferstehung der Sohn Gottes und Erlöser geworden. Und dieser wird in den Gotteshäusern des Abendlandes ebenso verehrt wie andernorts.

Was spezifisch Christliches gibt es also in Palästina zu sehen? Will man die Abfahrtsstelle für die Himmelfahrt in Jerusalem erforschen? Wo überhaupt fährt jemand hin, der in den Himmel 'auffährt'? Ein evangelischer Theologe erklärt das Phänomen der Himmelfahrt[39]. Der Auferstandene ist in die Kirche hinein 'gefahren'. Das ist der Heilige Geist der Kirche. Auferstehung in die Kirche hinein bedeutet Fortsetzung der Botschaft Jesus.

Mit diesem Verständnis ist im Heiligen Land nichts mehr zu besichtigen außer ein paar alten Steinen und Ruinen.
Der christliche Glaube lebt in den weltweiten Kirchen.

Wenn es sich dabei auch um ein Verständnis neuerer Theologie

---

38 Darstellung der Kreuzzüge N.Jaspert, Die Kreuzzüge, 2003 oder
     H.E.Meyer, Die Kreuzzüge
39 Willi Marxsen, Die Sache Jesus geht weiter, 1976

handelt, so ist doch davon auszugehen, dass die Gläubigen zur Zeit der Kreuzzüge ihren Glauben nicht in Palästina suchen wollten.

Was ihnen als verteidigungswürdig eingeredet wurde, ist ein Feindbild gegenüber dem Islam. Mit der Parole 'Kampf den Muselmanen', wie es früher auch hieß, zogen sie in die Auseinandersetzung.

Hinzu kommt bei vielen Kreuzfahrern eine ganze Portion Abenteuerlust für eine Reise in fremdes und unbekanntes Land. Und das wurde noch mit dem Versprechen auf eigenes Land als Geschenk aufgepeppt.

Der Aufruf der kirchlichen Oberherren zum Marsch ins Heilige Land ist doppelzüngig. Einerseits fordert er, Jesus Geburtsstätte zu befreien, andererseits läuten die Glocken zum Feiern der weihnachtlichen Geburt in der heimatlichen Kirche.

Wo ist das Wesentliche des Glaubens zu lokalisieren?

Der eigene Glaube war zweitrangig bei der kriegerischen Unternehmung eines Kreuzzugs. Diese gilt einem religiösen Feindbild.

Martin Luther

Martin Luther (1483-1546) war Professor für Bibelwissenschaft an der Universität Wittenberg. In seinen Vorlesungen bevorzugte er das Alte Testament. Seine Vorlesung über die Genesis (1.Buch Mose) erstreckte sich über 10 Jahre hinweg. Luther war so auf die Bibel zentriert, dass er für andere Religionen keinen Blick hatte.

Dabei waren die großen Religionen Islam und Judentum zu seiner Zeit durchaus von öffentlichem Interesse.

Der Kampf gegen den Islam war ein weltpolitisches Thema.

➤ Jahrhunderte lang hatte die Kirche zur Befreiung der

heiligen Stätten im Heiligen Land aufgerufen. Papst Urban II. rief 1095 zum ersten Kreuzzug auf. Den fünften Kreuzzug führte der Kaiser Friedrich II. selbst an, und er krönte sich 1129 zum König von Jerusalem.

> Im Geburtsjahr Luthers (1483) war der Kampf der Christen im maurischen Spanien noch in vollem Gange. Erst 1492 fiel die letzte europäische Bastion des Islam in Andalusien.

> 1529 ging ein Aufschrei durch Europa, als die Türken und mit ihnen der Islam vor Wien, dem Sitz des deutschen Kaisers, standen. Luther war 46 Jahre alt.

Judenvertreibungen gab es in Europa nicht nur vor sondern auch zu Luthers Lebzeiten.

> 1290 unter König Eduard I. in England
> 1394 unter König Karl VI. in Frankreich
> 1439 Vertreibung der Juden aus Augsburg
> 1492 erließen die Katholischen Könige Isabella und Ferdinand II. das Alhambra-Edikt zur Vertreibung der Juden aus Spanien
> 1496 erließ Manuel I. in Portugal den Erlass, Juden haben das Land zu verlassen.

Unverständnis für den Islam

Gab es bei dem Doktor der Bibelwissenschaft kein Interesse an der Religion des Islam?

Ein Nachdenken darüber, wie sich Gott im Islam darstellt, dürfte man nach heutigem Verständnis von einem Theologen erwarten. Aber das wohl nur nach heutigem Verständnis. An der Ablehnung des Islam lässt Luther keinen Zweifel. Als in Basel der Druck eines Koran in deutscher Sprache bevorsteht, schreibt Luther einen Brief an den Rat zu Basel und erklärt,

„dass man den Türken nichts Verdrießlicheres antun könne, ja noch mehr Schaden zufügen kann (mehr als mit allen Waffen), denn dass man ihren Koran bei den Christen an den Tag bringe, damit sie sehen mögen, was für ein gar verfluchtes, schändliches Buch es sei, zum Verzweifeln, es sei voller Lügen, Fabeln und allerlei Gräueltaten."[40]

Unverständnis für das Judentum

Wie war es mit dem Wissen um die Religion des Judentums bestellt? Interessierte sich Luther überhaupt für die jüdische Glaubensgemeinschaft in deutschen Landen? Schließlich bezog die jüdische Religion ihr Wissen über Gott aus den gleichen Schriften wie das Christentum. Der Tanach der Juden ist das Alte Testament der Christen, und beiden Religionen gleichermaßen heilig. Luther hält darüber Vorlesungen. Müsste da nicht ein Religionsgespräch, ein Austausch über den Glauben, über den
Gott der Bibel auf der Hand liegen?

Die Frage stellt sich eben nur nach heutigem Verständnis.
Der Professor für Bibelwissenschaft in Wittenberg, Martin Luther, war schlichtweg 'religionsblind'. Luther war in religiöser Hinsicht blockiert. Er hatte gehofft, dass sich die Andersgläubigen zum Christentum bekehren würden, weil – seiner Meinung nach - nur in Christus das Heil zu finden sei.
Diesem Ziel galt seine ganze Arbeit.

Aus den Predigten in den 1530-er Jahren wird erkennbar, dass die Juden dem Heil fern stehen. Er hatte die Hoffnung auf deren Bekehrung aufgegeben und wurde aggressiver.

---

40 Oktober 1542, Weimarana 53, 561-569

Sein unbändiger Zorn auf die Andersgläubigen fand im Jahr 1543 seinen Höhepunkt.

Luther schrieb zwei Schriften über die Juden. **„Von den Juden und ihren Lügen".** Luther war vorher von jüdischer Seite ein Schriftstück überreicht worden. Der Text dieses Traktats ist allerdings nicht erhalten.

Luthers literarischer Zornesausbruch füllt mehr als 175 Seiten in der 'Weimarana', der authentischen Ausgabe von Luthers Werken. Abschließend resümiert er, 'so viel Schreibens habt ihr mir aufgezwungen mit eurem Büchlein. Ein Christ muss sich gegen der Juden Lügen erwehren, die von allen Teufeln besessen sind'.
In seiner zweiten Schrift, ebenfalls aus dem Jahr 1543, schüttet Luther ganze Kübel von Beschimpfungen über die Juden aus: „Vom Schem Hamphoras und vom Geschlecht Christi".
Um den Titel dieses Werkes zu verstehen, bedarf es einer religionskundlichen Erklärung.[41]

Luther schreibt in diesem Werk, die 'rasenden, elenden Juden lügen' und 'ein jüdisch Herz ist stock-stein-eisen-teufel-stein-hart, das nicht zu bewegen ist'. 'summa, es sind junge Teufel, zur Hölle verdammt'. 'Schem-Hamphoras das sind große Säcke voller Teufel. Solche Götter wollen die Juden anstatt den rechten Gott in Jesus Nazareno'. 'Schem-Hamphoras ist der leidige lästerliche Teufel selbst mit aller

---

41 Eine der Gottesbezeichnungen im Alten Testament besteht aus vier Buchstaben (Tetragramm) 'JHWE' Dieser Name wird üblicherweise Jahwe wiedergegeben. Diese Gottesbezeichnung galt den Juden als so heilig, dass sie nicht ausgesprochen werden durfte. Wenn im sakralen Gebrauch ein Bibeltext mit dieser Gottesbezeichnung verlesen wurde, sprach man einfach 'Herr'. Mit Schem Hamphoras ist die rabbinische Aussprache für den Gottesnamen JHWE gemeint.

seiner Bosheit aus der Hölle heraus. Die Juden beten so viel tausend Teufel an, wie sie Engel erlügen'.

Die Rabbiner betitelt Luther als 'Saujuden in ihren Sauschulen, die das Wort nicht verstehen'. Und weiter:
'Die Juden wissen so viel vom Neuen Testament wie eine Sau vom Psalter'. Auf 'die störrigen, knorrigen, halsstarrigen, verdammten Juden soll man nicht hören, da der Teufel durch sie tobt'.

Diese Auswahl derber lutherischer Beschimpfungen und Hasstiraden gibt Luthers Einstellung zur jüdischen Religion wieder. In der vorgenannten Schrift 'Von den Juden und ihren Lügen' empfiehlt Luther der 'Obrigkeit', den Regierenden, wie sie mit den Juden verfahren sollen:
Die Synagogen verbrennen, den Juden das Betbuch und den Talmud wegnehmen, ihre Häuser zerstören, ihr Gold und Silber wegnehmen, weil es durch Wucher verdient wurde. Die Rabbiner sollen mit einem Lehrverbot belegt werden.
Statt falsche Lehren zu verbreiten, sollen die Juden ein Handwerk lernen und arbeiten.

Ein Land – eine Religion

Bekanntermaßen wollte Luther keine neue Kirche schaffen. Er wollte nur die eine ecclesia catholica reformieren. Gegen Ende seines Lebens musste er einsehen, dass die Entwicklung anders gelaufen war. Es war zu erkennen, dass es zu einer religiösen Aufteilung der deutschen Länder nach katholischen und evangelischen Gebieten kommen wird.
Im Augsburger Religionsfrieden von 1555 (neun Jahre nach Luthers Tod) wurde das evangelisch-lutherische Bekenntnis

verfassungsrechtlich zugelassen. Kernpunkt des neuen Reichsrechts war der Grundsatz 'Cuius regio, eius religio' (wessen Land, dessen Religion).

Das bedeutet, dass die Territorialfürsten für ihr Land und dessen Bewohner entscheiden, welche Religion in ihrem Land ausgeübt wird. Demnach war es nicht erlaubt, in einem lutherischen Land einen katholischen Gottesdienst zu zelebrieren, und umgekehrt.

Im Klartext: „Reichsstände, die der Augsburger Konfession anhängen, und Reichsstände katholischen Glaubens genießen wechselseitige Anerkennung, andere Glaubensrichtungen nicht. Die Reichsstände haben in ihren Territorien die Kirchenhoheit (ius reformandi), aber Untertane anderen Glaubens dürfen auswandern (ius emigrandi)." [42]

Im Lichte dieses Abkommens erscheint Luthers herbe Kritik an den jüdischen Schulen in anderer Beleuchtung. Luthers Forderung hieß: In einem christlichen Land darf keine jüdische Religion praktiziert werden. In Analogie lässt sich schlussfolgern: Das gilt ebenso für die Ausübung der islamischen Religion in einem christlichen Land.

Luther lässt keinerlei Zweifel: die Religionen sind unvereinbar. Diese Einschränkung der Religion gilt bis heute, wenn auch weithin unbeachtet und unbekannt.

Der Verfassungsrechtler Karl Schachtschneider schreibt: "Der Islam ist mit der freiheitlichen demokratischen Grundordnung unvereinbar. Er verlangt nach dem Gottesstaat. Jede Herrschaft von Menschen über Menschen ist durch Allah befohlen. Demokratie,

---

42 Uni-muenster.de/FNZ-online

Gewaltenteilung, Opposition sind dem Islam wesensfremd. Die Menschenrechte stehen in der islamischen Gemeinschaft unter dem Vorbehalt der Scharia. Der Koran und die koranische Tradition und damit auch die Scharia mit den Hudud-Strafen (Steinigen, Köpfen, Amputieren, Auspeitschen) sind das höchste Gesetz. Der Islam akzeptiert, abgesehen vom Übertritt zum Islam, die Religionsfreiheit nicht. Männer und Frauen haben nicht die gleichen Rechte."[43]

Religionsfreiheit räumt ein, dass jeder glauben kann was er will. Jedem steht ein freies Religionsbekenntnis zu. Das bedeutet jedoch nicht, dass jede Religion uneingeschränkt praktiziert werden darf. Ein Staat kann nicht zulassen, dass eine Religion über die andere herfällt. Der Islam brächte selbstverständlich mit seinem Glauben auch die Scharia, das dem Islam eigene Rechts-verständnis, mit ins Land. Das kann der Staat nicht zulassen.

Unter diesem Gesichtspunkt sind die Schriften Luthers anders zu bewerten als 'Antisemitismus' oder die heutige Standardvokabel 'Fremdenfeindlichkeit', die ständig wie ein Trumpf gespielt wird.
Luther hat nicht den Mob der Straße zur Plünderung der Juden aufgerufen. Er hat die Regierung aufgefordert, die Lehre der jüdischen Religion zu verbannen. In protestantischen Landen darf nur protestantische Religion praktiziert werden. Alles andere gefährdet den Frieden im Lande.
Mit einer anderen Religion käme auch deren Staatsverständnis und deren Recht ins Land.
Luther lässt keinerlei Zweifel: die Religionen sind unvereinbar.

---

43 Karl Albrecht Schachtschneider, Grenzen der Religionsfreiheit,

Das Osmanische Reich (1299-1922)[44]

Das Osmanische Reich ist das dritte und letzte der islamischen Großreiche. Nach dem Ende der Herrschaft der Seldschuken gründet der Sultan Osman I. ein neues Reich mit der Hauptstadt Edirne. Das Osmanische Reich wird zum größten islamischen Staat werden. Sein Gründer Osman I. (1258-1326) entstammt einem halbnomadischen Stamm der Turkmenen, die östlich des Bosporus am Schwarzen Meer (Bithynien) siedeln. Der osmanischen Sultan trägt das Schwert des Propheten Mohamed als Symbol des Herrschers über alle Muslime.

Es gehört nicht zur Zielstellung dieses Buches, die politische Geschichte des osmanischen Reiches detailliert darzustellen, sondern die Berührungspunkte der Religionen in dieser Epoche.

Und da sind es zwei Ereignisse von weltpolitischem Rang. Da ist zum einen der Fall von Konstantinopel. Mit ungeheurer Wucht beendet dieses Ereignis die früheren Aufeinandertreffen zwischen Umayyaden und Christen.

Zum andern ist der millionenfache Mord an den Armeniern zu nennen. Es handelt sich um einen bis heute geleugneten Völkermord an den Christen, mit dem das osmanische Reich eine schwere Blutschuld auf sich geladen hat.

Zu Osmans Zeit ist Konstantinopel die bedeutendste Stadt in

---

44 GEO-Epoche Das Osmanische Reich,Zeitschrift
Faroqhi,Suraiya, Geschichte des Osmanischen Reiches, 2000
Matuz,Josef,   Das Osmanische Reich 1985
im Internet: www.osmanischesreich.de

Europa. Der Kaiser versteht sich als Repräsentant des wahren Christentums, was er dem römischen Papst aberkannt hatte.

Sultan Mehmed II. mit dem Beinamen der Eroberer (1451-1481) erobert im Jahr 1453 Konstantinopel. Er verfügt über die modernste Militärtechnik seiner Zeit, die größte Kanone. Sein Heer soll 80.000 Mann stark gewesen sein. Ein dreifacher Mauerring vermag die Stadt Konstantinopel nicht zu schützen.

Am 26. Mai 1453 fällt die größte Stadt der Christenheit in die Hand des Islam. Die bedeutende Kirche Haggia Sophia wird von da an zur islamischen Moschee.
Mit dem Fall von Konstantinopel tritt das Osmanische Reich in das Rampenlicht der europäischen Geschichte. Dieses Ereignis stellt eine bedeutende Zäsur in der Geschichte des Christentums dar.

Nach der Eroberung von Konstantinopel erklärt Sultan Mehmed II. die Stadt zur neuen Hauptstadt des Osmanischen Reiches.
Die Stadt heißt fortan **Istanbul**.
Eine Zwangsbekehrung zum Islam findet jedoch nicht statt!

Europa fürchtet sich vor einem weiteren Vormarsch der osmanischen Truppen. Ihre Besorgnis ist durchaus berechtigt.
Mit Pfeil und Bogen sind die osmanischen Reiter selbst zum Beginn des Zeitalters der Handfeuerwaffen noch überlegen.
1683 steht die osmanische Armee vor den Toren Wiens, der Residenz der deutschen Kaiser. Doch hier kann der Vormarsch gestoppt werden.
Die Europäer interessieren sich weniger für die Religion der Osmanen als vielmehr für das luxuriöse Leben eines Sultans.
Zu seiner neu gebauten Residenz, dem Topkapi-Palast, gehört

ein Harem mit hunderten schöner Frauen. Das beflügelt weit mehr die erotische Phantasie beim europäischen Adel. Man hat verkannt, dass hier die Quelle für grausame Kämpfe um die Nachfolge auf dem Thron liegt. In der Regel hat ein Sultan seine Halbbrüder beseitigt. Verbürgt ist, dass Sultan Mehmed III. am Tage seiner Machtübernahme 1595 neunzehn Brüder und Halbbrüder, sowie mehrere schwangere Konkubinen töten lässt.

Hinter solchen öffentlichkeitswirksamen Meldungen verblasst der Aufruf des Kardinal Nikolaus von Kues zur Verständigung der Religionen. Unmittelbar nach dem Fall von Konstantinopel schreibt er sein Buch 'De Pace Fidei' ('Über Glaubensfrieden'). Darin macht er sich für eine Verständigung zwischen Christentum und Islam stark. Doch es blieb bei einem literarischen Appell.

Die Frage muss erlaubt sein, ob der fern des Geschehens in Rom residierende Papst daran ein Interesse gehabt hätte?

Das Ende des Osmanischen Reiches (1918)

Politisch und militärisch hat der 1. Weltkrieg das osmanische Reich zerschlagen. Doch beendet hat es Mustafa Kemal Atatürk. Das Osmanische Reich ist ein Gottesstaat. Der Kalif bündelt die religiöse und politische Macht in seiner Person. In der politischen Realität des 20. Jahrhunderts hatte er allerdings längst keine uneingeschränkte und anerkannte Macht mehr.
Mit der Vertreibung des Kalifen endet der Religionsstaat.

Atatürk gilt als das Symbol eines türkischen Nationalgefühls. Er hat einen Staat nach westlichem Vorbild geschaffen, zu dessen ersten Präsidenten er wird. Atatürk beendet den Vielvölkerstaat des Osmanischen Reiches und schafft einen türkischen Nationalstaat.

Bis 1924 gibt es noch den Kalif in Istanbul. Er versteht sich wie alle osmanischen Herrscher als Vertreter des Propheten Gottes und als religiöses Oberhaupt aller Muslime. Durch Beschluss der in Ankara neu geschaffenen Nationalversammlung müssen alle Angehörigen der Familie Osman das Land verlassen. Das war das Ende des islamischen Gottesstaates.

Eine allgemeine Säkularisierung nach westlichem Vorbild bringt für die Türkei die allgemeine Schulpflicht und den Zugang der Frauen zur Bildung. Auch wird die Eheschließung eine staatliche Angelegenheit.
- Türkisch als Volkssprache löst die bisherige heilige Sprache des Arabisch ab. Die arabische Schrift lässt Atatürk durch das lateinische Alphabet ersetzen.
- Religiöse Selbstverwaltung jedoch wird den Juden und Christen im neuen türkischen Staat zugestanden.
- Überlebende, einst vertriebene Armenier dürfen allerdings nicht wieder in ihre Heimat zurückkehren.
- Zur islamischen Religion hat der Staatsgründer selbst ein eher gebrochenes Verhältnis.
Atatürk dachte ausschließlich nationalstaatlich an das Volk der Türken. Den Rest des osmanischen Reiches überließ er anderen.

Der lange Schatten des 1. Weltkriegs

Während des 1. Weltkriegs kämpft eine panarabische Bewegung unter Sherif Hussein Ibn Ali gegen die Regierung ihres Landes, des Osmanischen Reiches. Im Juni 1916 ruft der haschemitische Scherif von Mekka, Husain, zum arabischen Aufstand gegen die Osmanen auf. Unabhängigkeit von Konstantinopel zu erlangen, ist ihr Kriegsziel. Dabei werden die Araber von Großbritannien unterstützt. Husain macht Ansprüche auf ein unabhängiges arabisches Kalifat geltend, das Gesamtpalästina, Mesopotamien und die arabische Halbinsel umfassen soll. Noch während des Krieges holen sich die Araber von London die Zusicherung ein, dass nach dem Kriegsende der Gründung eines unabhängigen arabischen Staates in Palästina nichts im Wege steht. Das wird ihnen zugesichert. Die Verhandlungen werden in Briefform geführt. Diese Dokumente sind erhalten.[45]

McMahon sieht es sogar als britischen Wunsch an, die Unabhängigkeit der arabischen Länder verwirklicht zu sehen. Er fügt hinzu, dass es ein Kalifat unter einem echten Araber aus dem gesegneten Stamm des Propheten sein muss. Diese Bemerkung knüpft daran an, dass der derzeitige Sultan keinen Stammbaum vorweisen kann, der bis zu Mohamed zurückreicht.

Die Haltung des britischen Hochkommissars McMahon stellt eine eindeutige Zusage dar. Doch Diplomatie ist eine eher komplizierte Angelegenheit.

Noch im gleichen Jahr 1916 einigt sich Großbritannien in einem geheimen Abkommen mit Frankreich (Sykes-Picot-Abkommen) auf eine Aufteilung des Nahen Ostens. Die betroffenen Völker erfahren davon zunächst nichts.

Diplomatie fährt auf mehreren Gleisen. Im November 1917 erklärt der britische Außenminister Balfour gegenüber dem jüdischen Repräsentanten Lord Rothschild seine Pläne für die Juden. Man werde sich für die Errichtung einer nationalen Heimstätte für die Juden in Palästina einsetzen.

Nach dem Ende des 1.Weltkriegs sind frühere Versprechungen nur noch Makulatur aus der Kriegszeit. Die Grenzen der Mandatsgebiete im Nahen Osten werden im März 1923 in einer englisch-französischen Übereinkunft ohne die Beteiligung der arabischen

---

45   Gudrun Krämer, Geschichte Palästinas, 2002 S.173

Völker festgelegt. Winston Churchill heißt der damalige Kriegs- und Kolonialminister von Großbritannien.

Im Vertrag von Lausanne wird die türkische Ausgliederung und Unabhängigkeit festgeschrieben, unabhängig von den arabischen Gebieten.

Auf der Konferenz von San Remo 1920 wird der Nahe Osten unter Vorsitz des Völkerbundes in folgender Weise aufgeteilt:
–   Syrien kommt unter französische Verwaltung,
–   Palästina wird von Großbritannien verwaltet.
Krämer beurteilt das Verfahren der europäischen Großmächte als 'Kolonialherrschaft in neuem Gewand'.[46]
Der Völkerbund verpflichtet die beiden Mächte, ihre jeweiligen Mandatsgebiete zu einem eigenen Staat zu entwickeln und später in die Unabhängigkeit zu entlassen.

Einigermaßen willkürlich verbindet Frankreich 1924 Damaskus mit Aleppo und Alexandretta zu einem neuen Staat **Syrien**. Das Gebiet Alexandretta wird wenig später trotz syrischem Protest der Türkei zugeschlagen.

Im Südwesten von Damaskus liegt die alte römische Provinz Auranitis. Hier leben die Drusen. Sie gehören nicht zur Religion des Islam, sie erkennen Mohamed nicht an. Die französische Mandatsverwaltung ließ dieses Gebiet Hauran zunächst als autonome Region bestehen.
Doch 1925 schlossen sich die Drusen dem syrischen Aufstand unter dem Sultan al-Atrasch an. Um den Widerstand gegen die Herrschaft der Mandatsmächte zu zersplittern - divide et impera - verübten die Franzosen ein grausames Massaker an den Drusen.

---

46 a.a.O. S.195

Danach wurde das Gebiet dem Staat Syrien einverleibt.
Es war ein Verbrechen gegen eine Religionsgemeinschaft.

Der Vorgang charakterisiert die Mandatsverwaltung, deren Maßnahmen einer Aufteilung einem Pokerspiel ähneln.

Heute genießen die Drusen im Libanon das Recht auf eine Selbstverwaltung, haben eigene Gesetzgebung und eigene Gerichtsbarkeit. Auch in Israel sind die Drusen seit 1957 als eigenständige Religionsgemeinschaft anerkannt. Sie sehen sich als Araber, jedoch nicht als Muslime.

Ein eigener arabischer Verfassungsentwurf für Syrien wird vom französischen Hochkommissariat abgelehnt. Auf religiöse Strukturen wurde seitens der Mandatsmächte keine Rücksicht genommen.

So formierte sich ein panarabischer Nationalismus, in Syrien vertreten von der Baath-Partei (Baath = Wiedererweckung). Der panarabische Gedanke wurde von dem ägyptischen Präsidenten Nasser verfolgt. Nach dem Ende des 2.Weltkriegs erhielt Syrien automatisch die Unabhängigkeit. Militärische Machthaber stellten sich an die Spitze des Staates.
Schließlich putschte sich der Verteidigungsminister und Chef der Luftwaffe, Hafis al-Assad an die Macht. Er gehört der alawitischen religiösen Minderheit des Landes an und nicht der sunnitischen Mehrheit.

Der europäische Betrachter, der die Religionswelt des Islam nur von außen zu betrachten vermag, versteht das religiös-politische Dilemma der islamischen Welt am Ende des 1. Weltkriegs nur sehr schwer. In vielen Veröffentlichungen hat sich Peter Scholl-Latour[47] bemüht, dem deutschen Leser die Probleme der arabischen Welt darzulegen. Ohne Einblick in die islamische Welt versteht man auch den großen islamischen Krieg zwischen dem Iran und dem Irak nicht .

Syrien war ein erbitterter Feind des Irak und unterstützte im Iran-Irak-Krieg den schiitischen Iran, der Syrien wiederum wirtschaftlich unterstützte und mit Waffen belieferte. Als einer von wenigen Journalisten wagte Scholl-Latour mit seinem Buchtitel 'Kampf dem Terror – Kampf dem Islam?' die Frage zu stellen, ob der Kampf Amerikas gegen seine terroristischen Gegner nicht auch ganz nebenbei einen religiösen Kampf beinhaltet?

Ein Gewinner des Zerfalls des Osmanischen Reiches war **Saudi-Arabien**. Hier herrscht seit dem 18. Jahrhundert der Wahhabismus, eine Abspaltung des Islam, deren Namen von Abd al Wahhab stammt. Dieser islamische Religionszweig war dem Kalif in Istanbul von jeher ein Dorn im Auge. Zum Glück waren die heiligen Städte Mekka und Medina nicht vom Wahhabismus durchsetzt.
Hier herrschte der Klan der Haschemiten, deren Aufgabe es war, die Pilgerkarawanen zu sichern. Ihr Regent trug den Titel 'Scherif von Mekka'. Er war der Ansprechpartner der Mandatsmächte England und Frankreich.

Das seit dem Ende des Osmanischen Reiches herrschende Machtvakuum nutzte 1925 Ibn-Saud. Er schlug die in Mekka konkurrierende Dynastie der Haschimiten militärisch, für die das Stammkönigreich Hedschas damit verloren war.

---

47 Einige Titel : 'Arabiens Stunde der Wahrheit', 'Lügen im Heiligen Land', 'Allahs Schatten über Atatürk' u.a.Bücher

Ibn-Saud krönte sich zum König über den wahhabitischen Religionsstaat Saudi-Arabien.

Der vertriebene haschimitische Husain ibn Ali machte die alte Kalifenstadt Bagdad zu seiner neuen Residenz und Hauptstadt des Königreichs **Irak**. Als früherer Sherif von Mekka-Medina hatte er so viel Einfluss in der islamischen Welt, dass er glaubte das untergegangene Osmanische Reich beerben und als groß-arabisches Königreich neu gründen zu können. Diese Pläne scheiterten allerdings an den britischen und französischen Mandatsmächten, die eine Zersplitterung des Islam wollten.

Husain ibn Ali krönte seinen Sohn Faisal zum König über Irak, und einen anderen Sohn, Abdallah, zum Emir von **Jordanien**, ab 1946 als König. In Jordanien ist der Islam sunnitischer Prägung Staatsreligion. Etwa die Hälfte der heute in Jordanien lebenden Menschen sind geflohene Palästinenser.

In **Palästina** waren am Ende des 1.Weltkriegs mehr als 90% der Bevölkerung arabisch. Erst durch die zionistische Politik der Einwanderung erhöhte sich der jüdische Anteil auf 30% am Ende des britischen Mandats. Es gab während der britischen Mandatszeit immer wieder Auseinandersetzungen zwischen den jüdischen und moslemischen Bevölkerungsgruppen.

Nach einem zionistischen Anschlag auf das King-David-Hotel in Jerusalem, dem Sitz der britischen Administration, zog sich Großbritannien aus der Verantwortung zurück und gab 1946 das Mandat an die UNO zurück.

Zurück blieben ungelöste Probleme territorialer Aufteilung.

Als die Lage in Palästina einem Bürgerkrieg zwischen Juden und Arabern ähnelte, schalteten sich die Vereinten Nationen ein. Sie bestimmten eine territoriale Aufteilung für jeweils einen jüdischen und einen arabischen Staat.

Am 14.Mai 1948 rief Israel seinerseits einen eigenen Staat aus. Der legt in seiner Verfassung keine Grenzen des Landes fest. Die arabischen Nachbarstaaten sehen in der Proklamation des israelischen Staates eine Provokation. Doch die Palästinenser verfügen über kein eigenes Militär. Die Arabische Liga (1945 gegründet) greift mit Truppen aus den Ländern Libanon, Syrien, Irak und Ägypten Israel an. Doch die israelische Verteidigung hält dem stand.

Eine Vermittlung der UNO gelang in diesem Konflikt nicht. Die arabischen Staaten boten 1949 einen Waffenstillstand an.

Im Ergebnis des Krieges hat Israel sein Gebiet um ein Drittel vergrößert. Ägypten hat den Gazastreifen besetzt und Jordanien das nicht-israelische Westjordanland. Jerusalem wird zur geteilten Stadt. Israel gliedert sich den Westen der Stadt ein, der Ostteil von Jerusalem wird jordanisch. Als Kriegsfolge gibt es kein einheitliches palästinensisches Gebiet.

1957 entstand unter Yassir Arafat eine militärische Untergrundorganisation zur Befreiung Palästinas. Die PLO (Palestine Liberation Organisation) entstand im Jahr 1964. Als der arabisch-israelische Krieg 1967 ausbrach, hatte die PLO ganze 5.000 Mann unter Waffen.

Hier muss ein Blick auf die islamischen Religionsgemeinschaften

geworfen werden. Inwieweit sehen sie sich als befriedet an?
- Die **Schiiten** haben ihren Religionsstaat im Iran (Persien).
- Die **Wahhabiten** haben ihren Religionsstaat in Saudi-Arabien.
- Die **Alawiten** in Syrien sind zur religiösen Mehrheit geworden,
  nachdem die Franzosen die Distrikte Aleppo   und
  Damaskus zu   einer   autonomen   Konföderation   Syrien
  zusammengeschlossen haben.
  Die Alawiten werden weder von den Sunniten noch von
  den Schiiten als wahre Moslems anerkannt. Die Dynastie
  Assads hat die Sunniten als Gegner im Land.
- Nicht zu verwechseln mit den **Aleviten** in der Türkei
- Die Ismailiten in Syrien. Sie sehen sich als die wahren Nachfahren
Alis an. Ihr religiöses Oberhaupt, der Aga   Khan, leitet seine
islamische Gemeinschaft von seinem   Wohnsitz in Frankreich aus.
- Die **Sunniten,** größte Mehrheit des Islam, hat im Orient keine
  einheitliche Führung mehr, keinen Religionsstaat.
  Kann das auf Dauer gut gehen?

Für Menschen, die es mit der Religion nicht sehr ernst nehmen, mag
das kein Problem sein. Wer sich von der Religion lossagen will, ist
vielleicht längst in ein abendländisch geprägtes Land ausgewandert.
Doch für diejenigen, die ihren sunnitisch-islamischen Glauben nicht
realisiert sehen, ist die gesellschaftlich-politisch-religiöse Lage in den
heutigen Gebieten des ehemaligen Osmanischen Reiches sehr
unbefriedigend. Für sie ist der Islam nicht mehr die den Staat
beherrschende Macht.
Dieses Vakuum macht die Situation so gefährlich.
Ist es da verwunderlich, wenn radikale Gruppen eine Änderung
wollen, leider auch mit Waffengewalt?
Es fehlt der großen Politik am Verständnis für die Religionen.
Mit Panzern und Bomben lassen sich die gottesstaatlichen

Glaubensvorstellungen nicht aus den Köpfen der Sunniten schaffen! Den langen Schatten des ersten Weltkriegs haben die Amerikaner durch die Vernichtung Saddam Husseins und die Angriffe auf Bagdad verlängert.

Jürgen Todenhöfer urteilt: 'Islamisch getarnte Terroristen sind Mörder. Christlich getarnte Anführer völkerrechtswidriger Angriffskriege auch.'[48]

Sunniten werden für einen islamisch geprägten Staat kämpfen. Das darf ihnen im syrisch-mesopotamischen Raum nicht verwehrt werden. Die Ansätze eines islamischen Staates der Sunniten militärisch zu vernichten, kann kein geeigneter Weg sein. Das führt zur Eskalation des jeweiligen Feindbildes.

Bei den Moslems stößt die westlich geprägte Demokratie ohne ihr Religionsverständnis für die islamische Vergangenheit auf Fremdheit und Unverständnis.

So kann man nur voller Sorge in die Zukunft dieses geografischen Raumes blicken, der einst das Osmanische Reich war. Eine Restauration wäre völlige Illusion, die niemand will. Doch solange die islamischen Interessen keine befriedigende Lösung finden, wird der nahe Osten ein Unruheherd bleiben.

Die Zerstörung des Osmanischen Reichs hat zu einem weiteren religiösen Rachefeldzug geführt.

Ein Volk der Christen wird ermordet - Armenien

Die christlichen Armenier waren im 19. Jahrhundert aufgrund der geografischen Gegebenheit in das osmanischen Reich integriert.

---

48 Jürgen Todenhöfer, Feinbild Islam, Bertelsmann 2011 – These 3 lesenswert 'Du sollst nicht töten.mein Traum vom Frieden' 2013

Karrieren im Staatsdienst waren eigentlich allen Nichtmuslimen verschlossen. Trotzdem haben es einzelne Angehörige dieses christlichen Volkes in eine gehobene Stellung der islamischen Staatsverwaltung gebracht. Einige brachten es zu beachtlichem Wohlstand. Sowohl in Anatolien als auch in Istanbul arbeiteten Armenier in der Textilindustrie, der Seidenproduktion, der Tabakindustrie, ja sogar im Schiffbau in führenden Positionen.

1914 tritt das Osmanische Reich in den Ersten Weltkrieg ein. Diese Gelegenheit nutzt eine kleine Gruppe von Armeniern sich gegen die türkische Herrschaft zu erheben. Die islamische Regierung nimmt dafür das ganze Volk der christlichen Armenier in Sippenhaft. Enver Pascha verfügt im April 1915 die Deportation aller Armenier. Der deutsche Botschafter Lepsius berichtet im Juni an das Auswärtige Amt in Berlin, dass bereits 200.000 Armenier in Richtung Mesopotamien deportiert sind.[49]

Die Deportationen nehmen etwa ein Jahr in Anspruch und vertreiben das armenische Volk als Ganzes aus ihren Wohngebieten. Mit beispielloser Gewalt werden die Menschen auf brutalen Todesmärschen in die wasserlose mesopotamische Wüste getrieben. Wer nicht bereits unterwegs zu Tode kommt, wird am Ziel ermordet. Mehr als zwei Millionen Menschen werden umgebracht. Selbst die schrecklichen Christenverfolgungen der Antike unter dem römischen Kaiser Nero hatten nicht ein solches Ausmaß erreicht. Der Genozid an dem Volk der Armenier ist ein millionenfacher Mord, geschehen inmitten zivilisierter Völker im 20. Jahrhundert! Dieses Verbrechen von einer ungeheuerliche Dimension wurde von der islamischen Regierung des Osmanischen Reiches angeordnet. Militärischer Verrat an die Russen und Kampf gegen die Türkei wurde den Armeniern zur Last gelegt.

---

49 www.aga-online.org/deutsche Akten

Die USA hat eine Aufnahme der Armenier angeboten. Die Türkei hat abgelehnt.

Wer heute in der Türkei des 21.Jahrhunderts den Völkermord an den Armeniern ausspricht, der macht sich strafbar. Das sei Verleumdung, sagt der stellvertretende Ministerpräsident, Cemil Cicek. Ministerpräsident Erdogan behauptet, dafür gebe es keine Beweise. Und das bei eindeutiger Lage der Geschichte.

Es handelt sich um Religionsverfolgung pur, eine der größten Tragödien der menschlichen Geschichte!

Der Rechtsnachfolger des osmanischen Reiches in diesem Gebiet, die Türkei, leugnet bis heute diesen Völkermord!

Die Armenier erinnern alljährlich am 24.April in Jerewan auf einer Großveranstaltung an den Erlass der Deportation von 1915.

In der armenischen Sprache bezeichnet man das Geschehene mit 'Aghet' – 'Katastrophe'.

Das Verbrechen an den Juden

Das 20. Jahrhundert ist das blutigste in der Geschichte der Menschheit. Wenige Jahrzehnte nach der verschwiegenen und vertuschten Katastrophe gegen die armenischen Christen kommt es zu jener Katastrophe, die in der hebräischen Sprache 'ha Schoa' - 'Katastrophe' genannt wird. Wieder geht es um einen millionenfachen Mord an Menschen einer anderen Religion, so grausam und schrecklich, dass das Wort Katastrophe nur einen blassen Schimmer dieses Grauens wiederzugeben vermag.

Aus dem anglo-amerikanischen Sprachgebrauch kommt das Wort 'Holocaust', das den religiösen Hintergrund sehr anschaulich beinhaltet.

In der Antike verbrannte man Tiere auf einem Altar, um mit dem nach oben steigenden Räucherduft/Bratengeruch dem da oben

ansässigen Überirdischen ein Opfer zu bringen. Den vollständig verbrannten Rest nannten die Griechen holocaust (ὁλόκαυστ).
Aus anfänglichen Konzentrationslagern zur Absonderung der Juden wurden schreckliche Vernichtungslager. Das Verbrechen an den Juden wurde im zweiten Weltkrieg von den Nazis offiziell als 'Endlösung der Judenfrage' bezeichnet.

Eine verkürzte Skizzierung in diesem Buch vermag dem Ausmaß, der Ungeheuerlichkeit der nationalsozialistischen Vernichtung und dem nicht zu beschreibenden menschlichen Elend nicht gerecht zu werden. Daher muss an dieser Stelle auf die vielen Publikationen verwiesen werden.
Forderungen der amerikanischen Regierung auf finanzielle Wiedergutmachung kam der erste deutsche Bundeskanzler, Konrad Adenauer, nach. Am 10. September 1952 hat der deutsche Kanzler im 'Luxemburger Abkommen' dem Staat Israel Entschädigungszahlungen in Höhe von drei Milliarden Mark zugesichert. Gezahlt wurde im Lauf der Jahre sehr viel mehr an Wiedergutmachung.
Zu den an den Staat geleisteten Zahlungen kommen noch die Entschädigungszahlungen an Privatpersonen und Renten.

Der Staat Israel

Der lange Schatten des 1. Weltkriegs und das 'Hinschmeißen' der britischen Kolonialverwaltung im Jahr 1946 zwangen Israel zu einem raschen Handeln. Doch ist der entstandene Staat die Lösung aller Probleme in religiöser und geografischer Hinsicht ?
Shlomo Sand [50] hinterfragt Israels Gründungsmythos, der sich

---

50 Shlomo Sand, Professor für Geschichte/Uni Tel Aviv, Die Erfindung des jüdischen Volkes, 2010

126

sowohl mit der christlichen Heilsgeschichte als auch dem jüdischen Geschichtsbild deckt. Er findet klare Worte: 'Diese Deutung der jüdischen Geschichte ist das Werk versierter Vergangenheitskonstrukteure, deren blühende Fantasie seit der zweiten Hälfte des 19. Jahrhunderts aus Versatzstücken der jüdisch-christlichen Religionsgeschichte eine ununterbrochene Stammesgeschichte für das jüdische Volk erfand. Diese Sicht gehört zum täglichen Brot im israelischen Bildungs- und Schulwesen.' 'Auch die im Kern juristische Debatte über die Frage 'Wer ist jüdisch?' hat diese Historiker nicht weiter beschäftigt: Jüdisch ist für sie jeder Nachfahre des Volkes, das vor zweitausend Jahren ins Exil gezwungen wurde.' Seither gelten 'die Juden als ein spezifisches *ethnos,* das nach zweitausend Jahren Exil und Wanderschaft endlich in seine Hauptstadt Jerusalem zurückgekehrt ist.' Nach Sands Auffassung – er ist Professor für Geschichte - 'haben die Römer an der gesamten Ostküste des Mittelmeers nie ein Volk ins Exil geschickt. Mit Ausnahme der versklavten Gefangenen lebten die Judäer auch nach der Zerstörung des Zweiten Tempels auf ihrem Land. Eine Minderheit unter den Judäern konvertierte im vierten Jahrhundert zum Christentum. Und nach der arabischen Eroberung im siebten Jahrhundert schloss sich die Mehrheit dem Islam an.' Daraus folgt, dass 'die in Palästina ansässigen Bauern die Nachfahren der Bewohner des antiken Judäa sind.'

Diese andersartige Geschichtsbetrachtung Sand's stellt das religiöse Verständnis Israels in Frage.

'Das eigentliche Problem ist, dass diese Geschichtsauffassung die Grundlage der Identitätspolitik des Staates Israel bildet: Aus dieser ethnozentristischen Definition des Judentums erfolgt die strikte Abgrenzung von Nichtjuden - von Arabern.

Sechzig Jahre nach seiner Gründung weigert sich Israel, eine Republik für alle seine Bürger zu sein. Da knapp ein Viertel der Staatsbürger als Nichtjuden gelten, ist dieser Staat dem Geist seiner Gesetze nach nicht der ihre.

Umgekehrt tritt Israel stets als der Staat der Juden in aller Welt auf, auch wenn diese keine verfolgten Flüchtlinge mehr sind, sondern mit allen Rechten ausgestattete Staatsbürger der Länder, in denen sie leben.'[51]

Daraus folgt: 'Die Juden sind keine durch einen gemeinsamen Ursprung vereinte, in zweitausendjähriger Wanderschaft über die Welt verstreute Ethnie, sondern haben schon immer, meist durch Konversion, in verschiedenen Gegenden der Welt Religionsgemeinschaften gebildet.'

Der heutige Staat Israel muss die unangenehme Frage aushalten, ob er ein Staatsgebilde für eine jüdische Religion oder eine parlamentarische Demokratie sein will, deren Bewohner größtenteils der jüdischen Religion angehören.

So ist die Religionszugehörigkeit seiner Bürger ein Problem für den Staat Israel. Das birgt enormes Konfliktpotential in sich.

Ist das Judentum eine Religion oder eine Volkszugehörigkeit?

Sofern man nicht elterlicherseits in eine Religion hinein geboren ist, kann man einer Religion einfach beitreten. Das geht im Judentum nicht ohne weiteres.

Jude ist das Kind einer jüdischen Mutter. Ein freiwilliges Judewerden ist fast nicht möglich.

Auch sind Juden angehalten, nur untereinander zu heiraten.

Geschäftstüchtige Juden haben sich mit der Genetik verbündet.

---

51 Shlomo Sand ebd.

Man kann sich im Internet einen Test kaufen[52], mit dem über eine Speichelprobe die DNA analysiert wird. Im Ergebnis soll ermittelt werden, ob man jüdische Wurzeln hat. Bestimmte genetische Muster treten bei Juden auf. Man kann ermitteln mit welchem Prozentanteil die Vorfahren osteuropäische Aschkenasim, spanische Sephardim oder Priesterkaste Cohen u.a. im Erbgut vertreten sind. Das mag der Ahnenforschung helfen, doch was sagt es für die Zugehörigkeit zum Volk der Juden? Wer in Israel als Staatsbürger gilt, das wird in anderer Weise gesetzlich reglementiert.

Jerusalem heute

Wenn man nach Jerusalem blickt, kann man den berühmten Satz 'Schaut auf diese Stadt' zitieren. Der Ort war einst Mittelpunkt der abrahamitischen Religion und ist durch die religiösen Nachfolger zum heiligen Ort für drei Religionen geworden. Der Tempelberg gehört seit dem 7. Jahrhundert dem Islam. Doch Teile des Judentums fordern einen neuen Tempel an dieser Stelle.
Braucht das Judentum diesen Tempel wirklich?
'Die Ideologie, einen dritten jüdischen Tempel zu bauen, hat Anhänger bis hin in die Regierungspartei Likud. Für sie ist der Tempelberg das Zentrum israelisch-jüdischer Identität.' [53]'Es gibt sogar bereits Architekten, die den Wiederaufbau des Tempels planen, inklusive Parkplätzen und Wohnraum für Hohe Priester.'
Neu ist dieser Vorstoß nicht, auf dem Tempelberg den salomonisch-herodianischen Tempel wieder auferstehen zu lassen. Er wurde in den letzten Jahrzehnten schon öfter laut.
Ist es der Tempelberg oder wie die Araber sagen 'al-haram-asch-scharif'? Allein mit dem Namen ergreift man Partei für die eine oder

---

52 z.B. igenea.com u.a.
53 Menachem Klein in 'Frankfurter Rundschau' am 01.11.2014

andere Seite. Wem gehört das Terrain?

Eine Rückkehr nach Palästina hatten sich die Zionisten[54] vor einem reichlichen Jahrhundert auf ihre Fahne geschrieben. Man wollte Israel als Heimstatt der Juden, und den Tempel in Jerusalem neu erstehen lassen. Klein weist darauf hin, es ist der 'Tempelberg eine exklusiv moslemische Stätte seit 1300 Jahren, ausgenommen die 90 Jahre der Kreuzfahrerzeit. Die Klagemauer dient erst seit dem 16. Jahrhundert als exklusiv jüdisches Heiligtum. Wir haben also zwei unterschiedliche religiöse Stätten, die zur selben Anlage gehören. Wer sich auf Religionsfreiheit beruft, muss die Historie berücksichtigen.'

Mit der Zerstörung des Tempels im Jahr 70 durch die Römer beginnt mit dem rabbinischen Judentum ein neues Kapitel der Religionsgeschichte. Die Zeit des Tempels ist vorüber. Zum Zentrum der jüdischen Gemeinde wird die Synagoge. Die braucht nicht mehr Jerusalem, sondern entsteht weltweit, wo immer sich Juden angesiedelt haben.

Braucht Jerusalem dennoch heute einen neuen Tempel ?

Die orthodoxen Juden fordern es. Doch wie soll das gehen?

Der Hüter von Felsendom und al-Aqsa-Moschee ist der König Abdullah von Jordanien.

Die Tempelberg-Organisationen möchten am Status quo rütteln und einen dritten Tempel in Jerusalem erbauen. 'Für sie ist der Tempelberg das Zentrum israelisch-jüdischer Identität.'

Hier stehen zwei Weltreligionen im direkten gefährlichen Konflikt.

Der Abriss des islamischen Felsendoms und Neubau eines jüdischen Tempels würde einen Weltkrieg riskieren. Der Tempelberg ist und bleibt der Brennpunkt eines gefährlichen Konflikts. Der kann jederzeit zu einem großen Krieg führen.

---

54 Theodor Herzl, Zionistischer Weltkongress 1897

Braucht der Staat Israel eine Knesset oder einen Tempel?
Mit dem Ende der abrahamitischen Religion war die Zeit des salomonisch-herodianischen Tempels vorbei. Die jüdische Religion ist als Synagoge neu entstanden. Ein Tempel wäre ein Anachronismus. Was einst der Tempel für den Gottesstaat war, ist heute die Knesset für die parlamentarische Demokratie des Staates Israel. Ein Überbleibsel des alten Gottesstaates der abrahamitischen Religion hat sich Israel dennoch bewahrt: Die Staatsbürger Araber und Israelis sind nicht gleichgestellt.

Eine Hoffnung dafür, dass der genannte Konflikt zwischen Judentum und Islam nicht militärisch eskaliert, gibt es dennoch. Diese kommt nicht von Politikern und Militärs, sondern von der Religion selbst.
Die jüdische Theologie ist kein monolithischer Block, sondern kennt die Vielfalt der Mischna. Sie hat die Zerstörung des Tempels theologisch-eschatologisch umgeformt. Erst am Ende aller Tage kommt der Messias und wird den Tempel neu bauen. Darauf kann man in aller Ruhe warten. Die heute Lebenden müssen dem Weltende nicht vorweg greifen.
So bleibt die Hoffnung, dass die Bagger nicht kommen werden, um die al-Aqsa-Moschee und den Felsendom wegzuräumen.

Ein Brennpunkt wird für längere Zeit der geografische Raum bleiben, den die Auflösung des Osmanischen Reiches hinterlassen hat, von Nordafrika über Syrien und Mesopotamien.
Und es kommen neue Konfliktherde in Afrika hinzu, wo christliche Gebiete mit islamischen aneinanderstoßen. Dort zeigt sich wie schwierig ein Auskommen der Religionen ist.

Der innerislamische Krieg

Die Islamische Revolution im Iran fand 1978 statt. Die Schiiten erobern einen Staat, der unter dem Schah westlich geprägt war. Es herrschte große Unruhe in der islamischen Welt.

Dann geschah etwas, was man bisher nicht für möglich gehalten hatte. Islamistische Kräfte stoßen in das Herz des Islam vor.

Der innerislamische Krieg der Gegenwart beginnt mit der Besetzung der **Großen Moschee in Mekka** im Jahr 1979. Der Zeitpunkt ist bewusst gewählt. Es beginnt ein neues Jahrhundert islamischer Zeitrechnung. 1400 Jahre nach der Hedschra, der Auswanderung des Propheten von Mekka nach Medina, wird die Große Moschee von Mekka in einem Handstreich militärisch besetzt. Ausgerechnet jener Ort, an dem es den Gläubigen strengstens verboten ist, Waffen bei sich zu haben. Ein Sakrileg.

Unerkannt strömen am 20.November 1979, dem Vorabend des islamischen Neujahrstages, schwer bewaffnete Männer in die Große Moschee und nehmen Tausende Pilger als Geiseln. Sie fordern den Sturz des saudischen Königshauses. Ihr Ziel ist es, einen wahren islamischen Staat zu errichten.

Der saudische König Khalid konnte nicht einfach sein Militär nach Mekka schicken, um den Aufstand niederzuschlagen. Der heiligste aller islamischen Orte ist schließlich eine waffenfreie Zone. Zudem hatte der saudische König keine geistliche Macht, er war kein Sultan. So beauftragte er wahhabitische Religionsgelehrte, ein Rechtsgutachten, eine Fatwa, zu erstellen. An diesem Vorgang zeigen sich die komplizierten Machtverhältnisse in einem islamischen Staat. Der Chef einer Königsdynastie braucht die Religionsgelehrten für seine politischen Entscheidungen.

In diesem Fall gaben die Kleriker grünes Licht und billigten eine militärische Rückeroberung der Großen Moschee. Dabei stellten sie allerdings eine Bedingung. Der saudische König muss sofort und für die künftigen Jahre Milliardenbeträge für die Verbreitung der wahhabitischen Interpretation des Islam zur Verfügung stellen. Diese islamische Missionsarbeit hält bis heute in umfangreichen Stil an. Um die Macht für sich und sein Königshaus zu erhalten, blieb für König Khalid keine andere Wahl, als sich auf diese Bedingung einzulassen.

Doch der Kampf gegen die Aufständischen und Besetzer der Moschee erwies sich als komplizierter als angenommen. Der Aufstand war kriegstechnisch und von den Vorräten her gut geplant. Die großen unterirdischen Gewölbe des Heiligtums boten eine sichere Bastion für die Besetzer. Die Regierung schaffte es militärisch nicht, den Aufstand niederzuschlagen.

Man brauchte militärische Hilfe aus dem Ausland. Eine Anfrage bei der französischen Regierung war erfolgreich. Frankreich entsandte ein Bataillon Fallschirmjäger.

Doch mit konventionellen Mitteln gelang dieser Truppe kein Sieg. Erst durch den Einsatz von Giftgas gelang es, nach zweiwöchiger Dauer die Besetzung der Moschee zu beenden. Es gab mehrere Hundert Todesopfer auf Seiten der Besetzer. Das Terrorkommando bestand aus etwa 500-1000 Islamisten. Der fundamentalistischen Prediger, al-Utaibi, war der Anführer. Ihm wurde öffentlich und zusammen mit weiteren seiner Getreuen der Kopf abgeschlagen.

Die Drahtzieher dieses Attentats sind unbekannt geblieben. Der iranische Ayatollah Khomeni machte bereits am nächsten Tag in einer Radiobotschaft die USA für die Besetzung des islamischen Heiligtums verantwortlich, was weltweit zu Angriffen auf amerikanische Botschaften führte.

Die französische Regierung hat damals nicht geahnt, dass später Frankreich ein besonderes Anschlagsziel für Islamisten werden wird. Frankreichs Eingreifen in innerislamische Auseinander-setzungen stellt eine Fortführung der alten kolonialen Mandatsmacht im

Vorderen Orient dar. Frankreich und England hatten willkürlich die territoriale Aufteilung des ehemaligen Osmanischen Reiches vorgenommen. Ohne Rücksicht auf religiöse Strukturen hatten sie die Staaten Syrien, Irak, Jordanien, Israel nach Gutdünken auf der Landkarte eingezeichnet.

Die nächste Front

Einer, der damals bei der Verfolgung der Mittäter entkam, war ein Mann aus einer Unternehmerfamilie mit jemenitischen Wurzeln. Sein Name wird später in aller Munde sein: Osama bin Laden. Er floh nach Afghanistan, um bei der Befreiung des islamischen Landes gegen die Sowjetarmee zu kämpfen. Viele weitere junge Fundamentalisten aus verschiedenen Ländern zogen dorthin. Es waren vor allem ägyptische Dschihadisten, die dem militanten Flügel der Moslembruderschaft angehören. Bin Laden gelang es, sie alle im Kampf gegen die Ungläubigen zu einen. Nach der Vertreibung der Sowjets aus Afghanistan war es ihr militärisches Ziel, die Ungläubigen von der arabischen Halbinsel zu vertreiben.

Bin Ladens Dschihad-Erklärung gegen die Amerikaner, die mit Saudi-Arabien auch die heiligen Stätten besetzt halten, führten schließlich am 11. September 2001 zu den verheerenden Anschlägen auf die Türme des World Trade Centers in New York.
Die Vereinigten Staaten sahen sich genötigt, in Afghanistan einzumarschieren. Es wurde ein langer und teurer Kampf, der allerdings den USA nicht den gewünschten Erfolg brachte. Al-Qaida konnte nicht ausgelöscht werden.

Nach bin Ladens Tod durch die Amerikaner hat al-Qaida für den Kampf gegen die Ungläubigen die Strategie des führerlosen Dschihad entwickelt. D.h. al-Qaida gibt nur das Kampfziel vor. Die Anschläge selbst werden von kleineren Gruppen oder Einzeltätern in

Eigenregie durchgeführt. Die dschihadistisch-salafistische Ideologie findet via Internet leichte Verbreitung. Potentielle Terroristen finden sich unerkannt in allen Ländern. Sie scheinen so zahlreich zu sein, dass die Geheimdienste nur einen kleinen Ausschnitt erfassen können. So gelang es z.b. im April 2013 Tschetschenen, beim Boston-Marathon unerkannt ihre Sprengsätze zünden.

Der Krieg wird ausgedehnt

Die USA greifen den Irak an und erklären der Welt, den internationalen Terrorismus besiegen zu wollen. Als Vorwand dienen angebliche Massenvernichtungswaffen, die jedoch nicht gefunden werden. Am 20. März 2003 erhalten die in Kuwait stationierten Truppen den Befehl zum Einmarsch in den Irak. Ein verhängnisvoller Befehl, der die Kriegsspirale weiter dreht.

Seit der Besetzung der Großen Moschee führt die salafistische Spielart des Wahhabismus zu einer Radikalisierung von Muslimen in der ganzen arabischen Welt. Mit der Geiselnahme von Mekka beginnt die Blutspur islamistischer Terroranschläge. Islamische Ideologie wird exportiert. Islamische Terroristen werden weltweit rekrutiert. Die Spur führt über Al-Qaida bis zum Islamischen Staat. Der Hass dieser Terrororganisationen richtet sich gegen jedwede Modernisierung des Islam und sowieso gegen den westlichen Lebensstil der Ungläubigen. Ein islamischer Staat muss nach Maßgabe der Fundamentalisten so organisiert sein, wie es durch Mohamed im 7.Jahrhundert festgelegt wurde. So greift Religion in den politischen Alltag ein. Der Islam kennt keine Trennung von Staat und Religion. Das anzuerkennen fällt westlichen Politikern mit ihrer Demokratie-Ideologie schwer.

Der Krieg in Syrien

Im Zuge des arabischen Frühlings kam es auch in Syrien zu

Demonstrationen für Freiheit und soziale Gerechtigkeit. Der Staatspräsident Assad ist Alawit und gehört damit einer eigenen Art der islamischen Religion an. Seit Jahren hat er seine Macht durch starke Geheimdienste abgesichert, denn die Alawiten sind eine religiöse Minderheit im Land. In Syrien ist die Vetternwirtschaft seit langem ein Grundübel im Staat Assads. Alle wichtigen Posten im Land sind mit seinen Leuten besetzt. Das ist auch ein Grund, dass die Demonstrationen gegen die Regierung zu einem Bürgerkrieg ausgeufert sind.

In den Städten Homs und Hama kommt es im Sommer 2011 zu bewaffneten Aufständen gegen Assad. Im Laufe der Zeit gerät der Konflikt außer Kontrolle. Es handelt sich nicht um einen Bürgerkrieg mit klaren Fronten. Unzählige Milizen kämpfen für ihre eigene Sache.

In der Realität des Jahres 2017 existiert der einst von den Franzosen künstlich geschaffene Staat Syrien nicht mehr.

Auch innerhalb des Landes hat es eine große Fluchtbewegung gegeben. Religiöse, nationale, ökonomische Interessen zeigen auf dem Territorium des ehemaligen Syrien die ganze Unlösbarkeit dieses islamischen Religionskrieges im Nahen Osten. Die Bürgerkriegsparteien begehen schreckliche Verbrechen bis hin zu Giftgas. Massaker allerorten, in den Gefängnissen werden Gegner qualvoll zu Tode gefoltert.

Als grobe Klassifizierung haben sich fünf Kriegsparteien herausgebildet:

- ✔ das Assad-Regime,
- ✔ der Islamische Staat,
- ✔ die sunnitischen Rebellen,
- ✔ die vom Iran und der Hisbollah unterstütze schiitische Gruppe und

✔ die kurdische YPG-Miliz.

Geopolitische Interessen stehen hinter den Parteien. Für die Türkei gilt es als nicht hinnehmbar, dass die Kurden im nördlichen Teil Syriens ein eigenes Verwaltungsgebiet bekommen, was sie de facto haben. Der schiitische Iran steht mit Geld und Waffen hinter Assad. Saudi-Arabien unterstützt seine sunnitischen Glaubensbrüder. Kämpfer aus Afghanistan und anderen islamischen Ländern halten den IS am Leben.

Die als 'syrische Rebellen' zusammengefasste Gruppe (z.b. die Salafisten Ahrar al-Scham, die Dschihat-Front Dschabat Fatah-al Scham) kämpfen für einen islamischen Staat mit Gesetzen der Scharia. Nur für den oberflächlichen Betrachter, der Religion außen vor lässt, erscheint es kurios, dass diese Milizen nicht mit dem IS gemeinsame Sache machen.

Den Machterhalt Assads unterstützen der Iran, auch die gegenwärtige Regierung des Irak, weiter die Hisbollah-Kämpfer aus dem Libanon und Russland.

Die westlichen Politiker hingegen glauben, Frieden kann es nur ohne Assad geben. Ihr Allheilmittel lautet, 'Demokratie' könne das Problem lösen.

Auch die Türkei will den Sturz Assads, ebenso Saudi-Arabien, beides Länder mit eigenen Vorstellungen von Demokratie.

Die Militärkoalition von 60 Staaten unter Führung der USA zum Kampf gegen den IS kann zu keiner Lösung dieses vielschichtigen Krieges beitragen. Selbst nach einer Auslöschung des Islamischen Staates ginge der Kampf weiter.

Auswirkung auf Europa

Es sind gegenwärtig keinerlei Ansätze erkennbar, wie man militärisch, religiös, politisch, international diesen Krieg beenden kann. Das große innerislamische Zerwürfnis bleibt nicht auf den Nahen Osten begrenzt. Das haben die Nachbarländer Syriens als erste durch eine Flut von Flüchtlingen zu spüren bekommen. Doch längst drängen die Flüchtlinge weiter nach Europa.

Die Regierung Merkel und ihr untätiger Innenminister haben die religiöse Misere nicht erkannt. Mit den Flüchtlingen kam der religiöse Fanatismus nach Deutschland. Mit dem Modewort 'Radikalisierung' wird heute das fanatische Eintreten für eine religiöse Überzeugung bezeichnet. Diese Disposition zum Hochhalten der eigenen Fahne mit der Aufschrift 'nur wir kennen den wahren Glauben' trägt den innerislamischen Krieg nach Deutschland und Europa. Mit den Flüchtlingen kommt eine neue religiöse Unduldsamkeit nach Deutschland.

Merkel'sche Politik glaubt, mit ihrem Zauberwort 'Integration' den religiösen Hass überwinden zu können. Das wird sich erst später als fataler Fehler erweisen, weil es die religiöse Phänomenologie ignoriert.
Bisher haben sich stets Einzelne oder einzelne Familien in Deutschland integriert, weil sie die gewachsene Kultur unseres Landes respektiert haben. Doch mit dem illegalen Eindringen großer Menschengruppen mit unterschiedlichen islamischen Prägungen hat sich mit der Quantität auch die Qualität geändert.
Die Angekommenen, von der Politik verharmlosend als 'Neubürger' bezeichnet, wollen keine Anpassung und Integration, sondern ihr islamisches Lebensverständnis an geografisch anderem Ort fortführen. In Verkennung dieser religiösen Intention haben die politisch Verantwortlichen ihren Ländern ein religiöses Problem aufgedrängt, dessen Folgen unabsehbar sind.

Ein fanatischer Moslem orientiert sich am Koran Sure 9,29 u.a.

Kämpft gegen diejenigen, die nicht an Allah und nicht an den Jüngsten Tag glauben und nicht verbieten, was Allah und Sein Gesandter verboten haben, und nicht die Religion der Wahrheit befolgen – von denjenigen, denen die Schrift gegeben wurde–, bis sie den Tribut aus der Hand entrichten und gefügig sind!

Die erklärten Gegner des Islam sind die Ungläubigen. Mit dem Ziel diese zu unterwerfen, sind Dschihad und Terrorismus eine potentielle Gefahr.

Im Zuge der Merkel'schen Islamisierung Deutschlands werden sich immer wieder Menschen finden, die sich für ihren Glauben 'radikalisieren'. Kriminalität aus religiöser Überzeugung ist zwangsläufig eine Begleiterscheinung.

Die Überschrift des Buches lautete 'friedlich nebeneinander'?
Am Ende des Weges durch die Religionsgeschichte fällt die Antwort leider negativ aus.

Eine Religionsphantasie: Weltethos

Der katholische Theologe Hans Küng glaubt, dass man eine Schnittmenge für alle Weltreligionen finden kann. Denn sie lehren philosophisch-humanistische Ansätze. Zum Beispiel findet man so etwas wie die 'Goldene Regel', nach der man sich seinem Mitmenschen gegenüber so verhalten soll, wie man selbst behandelt werden möchte. Entgegen aller Realität behauptet Küng weiter: Gleichheit findet man bei Gewaltlosigkeit(!), Gerechtigkeit, Wahrheit, Partnerschaft von Mann und Frau.

Küng bezeichnet das Vorhandensein solcher Werte als Weltethos

Wie der Gang durch die Geschichte gezeigt hat, ist die Idee eines übergreifenden 'Weltethos' akademische Phantasie.

Kann eine der großen abrahamitischen Religionen bereit sein, ihr religiöses Profil so weit einzuschrumpfen, dass der Gedanke des Weltethos zum obersten Religionsgrundsatz wird?

Da sind doch große Zweifel angebracht.

Wie stark ist demgegenüber bis heute die Unvereinbarkeit der Religionen!

In den Kernbereichen der Religionen bestehen keine Gemeinsamkeiten.

Angesichts der unterschiedlichen Religionsvorstellungen kommt man im Kern auf keinen gemeinsamen Nenner. Verständigung kann sich nur auf nebensächliche Themen beschränken. Im Bereich der Lehre und Dogmen sind die Chancen für eine Annäherung der drei großen monotheistischen Weltreligionen gleich Null.

Wahrlich keine guten Aussichten für die Zukunft!

Am Ende des Buches sind die abrahamitischen Religionen als miteinander nicht vereinbar zu charakterisieren!

Unvereinbar: Judentum-Christentum-Islam

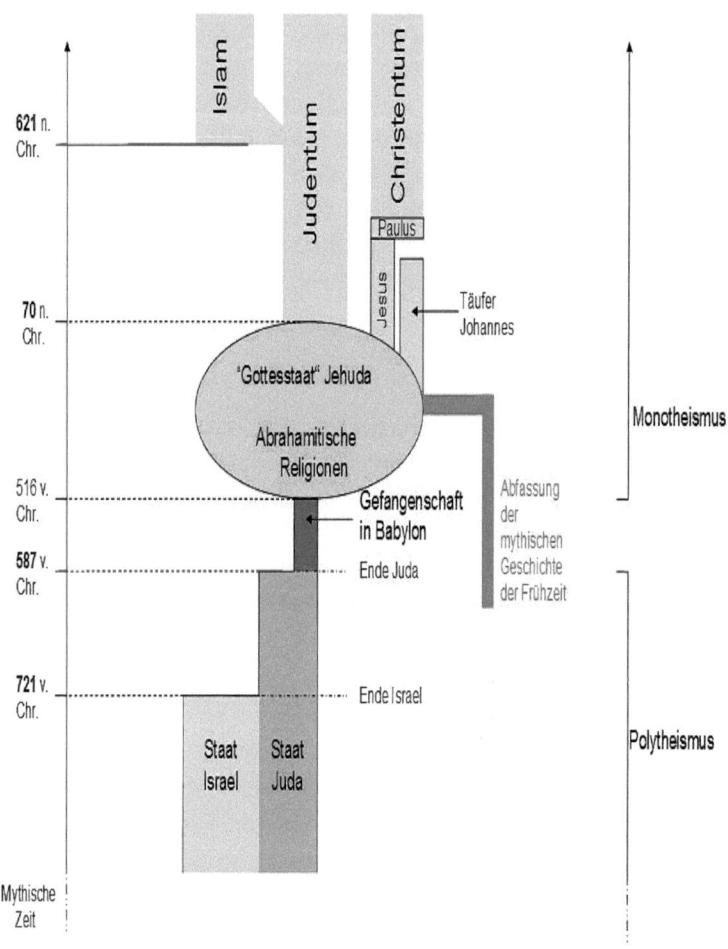

Zeitgrafik zur Entstehung der Religionen